Passover Haggadah

By Baruch Nachshon

Picture and Artwork courtest of:
Baruch Nachshon, Kityat Arba near Hebron
Graphic Design: Isaac Nachshon
http://www.nachshonart.com

DEDICATION

The Seder is a feast that includes reading a book called "Haggadah," drinking four cups of wine, telling stories, eating special foods, singing, and other Passover traditions.

As per Biblical command, it is held after nightfall on the first night of Passover (and the second night if you live outside of Israel), the anniversary of our nation's miraculous exodus from Egyptian slavery more than 3,000 years ago.

נחשון
ב"ה. חברון. תשע"ג
Nachshon

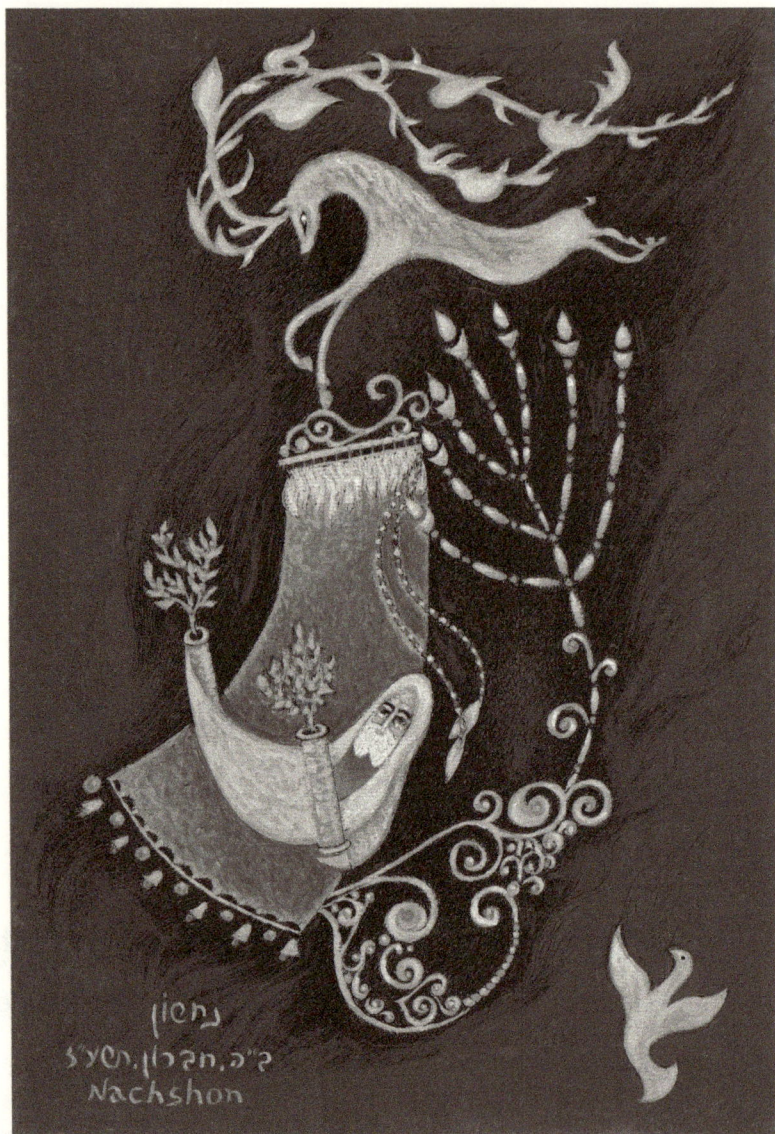

חסד זרוע תפארת ביצה גבורה
מרור
נצח חרוסת יסוד כרפס הוד
חזרת
Nachshon
סדר-הקערה

ACKNOWLEDGMENTS

Kol Dichfin - All Are Welcome

At the beginning of the Seder we announce:
This is the bread of affliction that our fathers ate in the land
of Egypt. Whoever is hungry, let him come and eat; whoever
is in need, let him come and conduct the Seder of Passover.
This year we are here; next year in the land of Israel. This
year we are slaves; next year we will be free people.

-From the Passover Haggada

קדש

Kadesh - Kiddush

The first cup of wine is poured and the Kiddush is recited.

When the festival occurs on Shabbat, start here:

Prepare the meal of the supernal King. This is the meal of the Holy One, blessed be He, and His Shechinah.

The sixth day. And the heavens and the earth and all their hosts were completed. And on the seventh day G-d finished His work which He had made, and He rested on the seventh day from all His work which He had made. And G-d blessed the seventh day and made it holy, for on it He rested from all His work which G-d created to make.

When the festival begins on a weekday begin here:

Attention Gentlemen:
Blessed are You, L-rd, our G-d, King of the universe, who creates the fruit of the vine. Blessed are You, G-d, our G-d, King of the universe, who has chosen us from among all people, and raised us above all tongues, and made us holy through His commandments. And You, G-d, our G-d, have given us in love (On Shabbat add the shaded words:) Shabbaths for rest and festivals for happiness, feasts and festive seasons for rejoicing this Shabbat-day and the day of this Feast of Matzot and this Festival of holy convocation, the Season of our Freedom in love, a holy convocation, commemorating the departure from Egypt. For You have chosen us and sanctified us from all the nations, and You have given us as a heritage Your holy Shabbat and Festivals in love and favor, in happiness and joy. Blessed are You, G-d, who sanctifies the Shabbat and Israel and the festive seasons.

1

When the festival falls on Saturday night add the following:

Blessed are You, G-d, our G-d, King of the universe, who creates the lights of fire. Blessed are You, G-d, our G-d, King of the universe, who makes a distinction between sacred and profane, between light and darkness, between Israel and the nations, between the seventh day and the six work-days. You have made a distinction between the holiness of the Shabbat and the holiness of the festival, and You have sanctified the seventh day above the six work-days. You have set apart and made holy Your people Israel with Your holiness. Blessed are You, G-d, who makes a distinction between holy and holy.

Blessed are You, G-d, our G-d, King of the universe, who has granted us life, sustained us, and enabled us to reach this occasion.

Drink the cup of wine while seated, reclining on the left side as a sign of freedom.

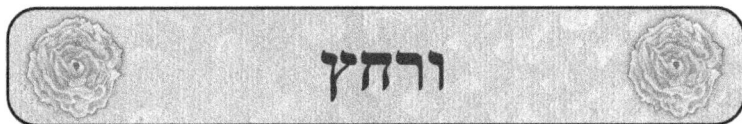

ורחץ

Urchatz -

Washing Hands for the Vegetable Ritually wash hands without reciting the blessing.

כרפס

Karpas – Vegetable

Take less than a kezayit (the volume of one olive) of the karpas, dip it into salt-water or vinegar, and recite the following blessing:

Blessed are You, L-rd, our G-d, King of the universe, who creates the fruit of the earth. When reciting this blessing have in mind that it is also for the bitter herbs (of maror and korech, to be eaten later on).

יחץ

Yachatz -
Breaking the Middle Matzah
Take the middle matzah and break it into two, one piece larger than the other. The larger piece is set aside to serve as afikoman. The smaller piece is put back, between the two matzot.

מגיד

Maggid - *Retelling the Passover Story*

Raise the tray with the matzot and say:

This is the bread of affliction that our fathers ate in the land of Egypt. Whoever is hungry, let him come and eat; whoever is in need, let him come and conduct the Seder of Passover. This year [we are] here; **next year in the land of Israel**. This year [we are] slaves; next year [we will be] **free people**.

The tray with the matzot is moved aside, and the second cup is poured.(Do not drink it yet).

Now the child asks "**Mah Nishtana?**"

What makes this night different from all [other] nights?

On all nights we need not dip even once, on this night we do so twice!

On all nights we eat chametz or matzah, and on this night only matzah.

On all nights we eat any kind of vegetables, and on this night maror!

On all nights we eat sitting upright or reclining, and on this night we all recline!

The tray is restored to its place with the matzah partly uncovered. Now we say "We were slaves. . ."

We were slaves to Pharaoh in Egypt, and the L-rd, our G-d, took us out from there with a strong hand and with an outstretched arm. If the Holy One, blessed be He, had not taken our fathers out of Egypt, then we, our children and our children's children would have remained enslaved to Pharaoh in Egypt. Even if all of us were wise, all of us understanding, all of us knowing the Torah, we would still be obligated to discuss the exodus from Egypt; and everyone who discusses the exodus from Egypt at length is praiseworthy.

 It happened that Rabbi Eliezer, Rabbi Yehoshua, Rabbi Elazar ben Azaryah, Rabbi Akiva and Rabbi Tarphon were reclining [at a seder] in B'nei Berak. They were discussing the exodus from Egypt all that night until their students came and told them: "Our Masters! The time has come for reciting the morning Shema!"

Rabbi Eleazar ben Azaryah said: "I am like a man of seventy years old, yet I did not succeed in proving that the exodus from Egypt must be mentioned at night-until Ben Zoma explained it: "It is said, `That you may remember the day you left Egypt all the days of your life;' now `the days of your life' refers to the days, [and the additional word] `all' indicates the inclusion of the nights!"

The sages, however, said: "`The days of your life' refers to the present-day world; and `all' indicates the inclusion of the days of Mashiach.

" Blessed is the Omnipresent One, blessed be He!
Blessed is He who gave the Torah to His people Israel, blessed be He!

The Torah speaks of four children: One is wise, one is wicked, one is simple and one does not know how to ask.

The wise one, what does he say?
"What are the testimonies, the statutes and the laws which the L-rd, our G-d, has commanded you?"
You, in turn, shall instruct him in the laws of Passover, [up to] `one is not to eat any dessert after the Passover-lamb.

' The wicked one, what does he say?
"What is this service to you?!"
He says `to you,' but not to him! By thus excluding himself from the community he has denied that which is fundamental. You, therefore, blunt his teeth and say to him: "It is because of this that the L-rd did for me when I left Egypt"; `for me' - but not for him! If he had been there, he would not have been redeemed!"

The simpleton, what does he say?
"What is this?"
Thus you shall say to him: "With a strong hand the L-rd took us out of Egypt, from the house of slaves."

As for the one who does not know how to ask,
you must initiate him, as it is said: "You shall tell your child on that day, `It is because of this that the L-rd did for me when I left Egypt.'

" One may think that [the discussion of the exodus] must be from the first of the month. The Torah, therefore, says, `On that day.' `On that day,' however, could meanwhile it is yet daytime; the Torah, therefore, says, `It is because of this.' The expression `because of this' can only be said when matzah and maror are placed before you.

In the beginning our fathers served idols; but now the Omnipresent One has brought us close to His service, as it is said: "Joshua said to all the people: Thus said the L-rd, the G-d of Israel, `Your fathers used to live on the other side of the river - Terach, the father of Abraham and the father of Nachor, and they served other gods.

"And I took your father Abraham from beyond the river, and I led him throughout the whole land of Canaan. I increased his seed and gave him Isaac, and to Isaac I gave Jacob and Esau. To Esau I gave Mount Seir to possess it, and Jacob and his sons went down to Egypt."

Blessed is He who keeps His promise to Israel, blessed be He! For the Holy One, blessed be He, calculated the end [of the bondage], in order to do as He had said to our father Abraham at the "Covenant between the Portions," as it is said: "And He said to Abraham, `You shall know that your seed will be strangers in a land that is not theirs, and they will enslave them and make them suffer, for four hundred years. But I shall also judge the nation whom they shall serve, and after that they will come out with great wealth.'"

According to the instructions of Rabbi Isaac Luria, the wine cup is now raised and the Matzot are covered.

This is what has stood by our fathers and us! For not just one alone has risen against us to destroy us, but in every generation, they rise against us to destroy us; and the Holy One, blessed be He, saves us from their hand!

Put down the wine cup and uncover the Matzah.

Go forth and learn what Laban the Aramean wanted to do to our father Jacob. Pharaoh had issued a decree against the male children only, but Laban wanted to uproot everyone - as it is said: "The Aramean wished to destroy my father; and he went down to Egypt and sojourned there, few in number; and he became there a nation - great and mighty and numerous."

"And he went down to Egypt" forced by Divine decree. "And he sojourned there" - this teaches that our father Jacob did not go down to Egypt to settle, but only to live there temporarily. Thus it is said, "They said to Pharaoh, We have come to sojourn in the land, for there is no pasture for your servants' flocks because the hunger is severe in the land of Canaan; and now, please, let your servants dwell in the land of Goshen."

"Few in number" as it is said: "Your fathers went down to Egypt with seventy persons, and now, the L-rd, your G-d, has made you as numerous as the stars of heaven."

"And he became there a nation" this teaches that Israel was distinctive there.

"Great, mighty," as it is said: "And the children of Israel were fruitful and increased abundantly, and multiplied and became very, very mighty, and the land became filled with them."

"And numerous," as it is said: "I passed over you and saw you wallowing in your bloods, and I said to you `By your blood you shall live,' and I said to you `By your blood you shall live!' I caused you to thrive like the plants of the field, and you increased and grew and became very beautiful your bosom fashioned and your hair grown long, but you were naked and bare."

"The Egyptians treated us badly and they made us suffer, and they put hard work upon us."

"The Egyptians treated us badly," as it is said: Come, let us act cunningly with [the people] lest they multiply and, if there should be a war against us, they will join our enemies, fight against us and leave the land."

"And they made us suffer," as it is said: "They set taskmasters over [the people of Israel] to make them suffer with their burdens, and they built storage cities for Pharaoh, Pitom and Ramses."

"And they put hard work upon us," as it is said: "The Egyptians made the children of Israel work with rigor. And they made their lives bitter with hard work, with mortar and with bricks and all manner of service in the field, all their work which they made them work with rigor.

" And we cried out to the L-rd, the G-d of our fathers, and the L-rd heard our voice and saw our suffering, our labor and our oppression.

"And we cried out to the L-rd, the G-d of our fathers," as it is said: "During that long period, the king of Egypt died; and the children of Israel groaned because of the servitude, and they cried out. And their cry for help from their servitude rose up to G-d."

"And the L-rd heard our voice" as it said: "And G-d heard their groaning, and G-d remembered His covenant with Abraham, Isaac and Jacob."

"And he saw our suffering," this refers to the separation of husband and wife, as it is said: "G-d saw the children of Israel and G-d took note."

"Our labor," this refers to the "children," as it is said: "Every boy that is born, you shall throw into the river and every girl you shall keep alive."

"And our oppression," this refers to the pressure, as it is said: "I have seen the oppression with which the Egyptians oppress them."

"The L-rd took as out of Egypt with a strong hand and an outstretched arm, and with a great manifestation, and with signs and wonders."

"The L-rd took us out of Egypt," not through an angel, not through a seraph and not through a messenger. The Holy One, blessed be He, did it in His glory by Himself!

Thus it is said: "In that night I will pass through the land of Egypt, and I will smite every first-born in the land of Egypt, from man to beast, and I will carry out judgments against all the gods of Egypt, I the L-rd."

"I will pass through the land of Egypt," I and not an angel;

"And I will smite every first-born in the land of Egypt," I and not a seraph;

"And I will carry out judgments against all the gods of Egypt," I and not a messenger;

"I- the L-rd," it is I, and none other!

"With a strong hand," this refers to the dever (pestilence) as it is said: "Behold, the hand of the L-rd will be upon your livestock in the field, upon the horses, the donkeys, the camels, the herds and the flocks, a very severe pestilence."

"And with an outstretched arm," this refers to the sword, as it is said: "His sword was drawn, in his hand, stretched out over Jerusalem."

"And with a great manifestation," this refers to the revelation of the Shechinah (Divine Presence), as it is said: "Has any G-d ever tried to take for himself a nation from the midst of another nation, with trials, signs and wonders, with war and with a strong hand and an outstretched arm, and with great manifestations, like all that the L-rd your G-d, did for you in Egypt before your eyes!"

"And with signs," this refers to the staff, as it is said: "Take into your hand this staff with which you shall perform the signs."

"And wonders," this refers to the blood, as it is said: "And I shall show wonders in heaven and on earth.

When saying the following words "blood, and fire, and pillars of smoke," spill three times from the wine in the cup. Do not remove wine by dipping a finger, but by spilling from the cup itself, and do so into a broken/chipped dish. (Have in mind that the cup symbolizes the aspect of malchut which contains an aspect of "anger and indignation." By means of our faculty of binah (understanding) we pour out [that aspect of "anger and indignation" - by spilling from the wine in the cup into a broken dish which represents kelipah, i.e., that which is called accursed [the principle of evil]).

Blood, and fire, and pillars of smoke

Another explanation: "Strong hand" indicates two [plagues]; "Outstretched arm," another two; "Great manifestation," another two; "Signs," another two; and "Wonders," another two.

These are the Ten Plagues which the Holy One, blessed be He, brought upon the Egyptians, namely as follows:

When saying the ten plagues, spill from the cup itself ten times, as stated above (and when spilling, again have in mind what was said above). The wine remaining in the cup (will have become 'wine that causes joy,' thus) is not to be spilled, but other wine is added to it [to refill the cup].

Blood.
Frogs.
Lice.
Wild Beasts.
Pestilence.
Boils.
Hail.
Locust.
Darkness.
Slaying of the First-born.

Rabbi Yehudah referred to them by acronyms:

DeTzaCh (blood, frogs, lice);
ADaSh (beasts, pestilence, boils);
BeAChaV (hail, locust, darkness, first-born).

Rabbi Yosi the Gallilean said: How do you know that the Egyptians were stricken by ten plagues in Egypt, and then were struck by fifty plagues at the sea?

In Egypt it says of them, "The magicians said to Pharaoh `This is the finger of G-d.' At the sea it says, "Israel saw the great hand that the L-rd laid against Egypt; and the people feared the L-rd, and they believed in the L-rd and in His servant Moses.

" Now, how often were they smitten by `the finger'? Ten plagues!

Thus you must conclude that in Egypt they were smitten by ten plagues, at the sea they were smitten by fifty plagues!

Rabbi Eliezer said: How do we know that each individual plague which the Holy One, blessed be He, brought upon the Egyptians in Egypt consisted of four plagues?

For it is said: "He sent against them His fierce anger, fury, and indignation, and trouble, a discharge of messengers of evil": `Fury,' is one; `Indignation,' makes two; `Trouble,' makes three; `Discharge of messengers of evil,' makes four.

Thus you must now say that in Egypt they were struck by forty plagues, and at the sea they were stricken by two hundred plagues.

Rabbi Akiva said: How do we know that each individual plague which the Holy One, blessed be He, brought upon the Egyptians in Egypt consisted of five plagues?

For it is said: "He sent against them his fierce anger, fury, and indignation, and trouble, a discharge of messengers of evil": "His fierce anger," is one; "fury," makes two; "indignation," makes three; "trouble," makes four; "discharge of messengers of evil," makes five. Thus you must now say that in Egypt they were struck by fifty plagues, and at the sea they were stricken by two hundred and fifty plagues.

How many levels of favors has the Omnipresent One bestowed upon us:

If He had brought us out from Egypt, and had not carried out judgments against them Dayenu, it would have sufficed us!

If He had carried out judgments against them, and not against their idols Dayenu, it would have sufficed us!

If He had destroyed their idols, and had not smitten their first-born Dayenu, it would have sufficed us!

If He had smitten their first-born, and had not given us their wealth Dayenu, it would have sufficed us!

If He had given us their wealth, and had not split the sea for us Dayenu, it would have sufficed us!

If He had split the sea for us, and had not taken us through it on dry land Dayenu, it would have sufficed us!

If He had taken us through the sea on dry land, and had not drowned our oppressors in it Dayenu, it would have sufficed us!

If He had drowned our oppressors in it, and had not supplied our needs in the desert for forty years Dayenu, it would have sufficed us!

If He had supplied our needs in the desert for forty years, and had not fed us the manna Dayenu, it would have sufficed us!

If He had fed us the manna, and had not given us the Shabbat Dayenu, it would have sufficed us!

If He had given us the Shabbat, and had not brought us before Mount Sinai Dayenu, it would have sufficed us!

If He had brought us before Mount Sinai, and had not given us the Torah Dayenu, it would have sufficed us!
If He had given us the Torah, and had not brought us into the land of Israel Dayenu, it would have sufficed us

If He had brought us into the land of Israel, and had not built for us the Beit Habechirah (Chosen House; the Beit Hamikdash) Dayenu, it would have sufficed us!

Thus how much more so should we be grateful to the Omnipresent One for the doubled and redoubled goodness that He has bestowed upon us; for He has brought us out of Egypt, and carried out judgments against them, and against their idols, and smote their first-born, and gave us their wealth, and split the sea for us, and took us through it on dry land, and drowned our oppressors in it, and supplied our needs in the desert for forty years, and fed us the manna, and gave us the Shabbat, and brought us before Mount Sinai, and gave us the Torah, and brought us into the land of Israel and built for us the Beit Habechirah to atone for all our sins.

Rabban Gamliel used to say: Whoever does not discuss the following three things on Passover has not fulfilled his duty, namely:

Passover (the Passover-sacrifice),
Matzah (the unleavened bread) and
Maror (the bitter herbs).

Passover - the Passover-lamb that our fathers ate during the time of the **Beit Hamikdash** - for what reason [did they do so]?

Because the Omnipresent passed over our fathers' houses in Egypt, as it is said:

"You shall say, It is a Passover-offering to the L-rd, because He passed over the houses of the children of Israel in Egypt when He struck the Egyptians with a plague, and He saved our houses. And the people bowed and prostrated themselves.

" Take the broken Matzah into your hand and say:

This Matzah that we eat for what reason? Because the dough of our fathers did not have time to become leavened before the King of the kings of kings, the Holy One, blessed be He, revealed Himself to them and redeemed them.

Thus it is said: "They baked Matzah-cakes from the dough that they had brought out of Egypt, because it was not leavened; for they had been driven out of Egypt and could not delay, and they had also not prepared any [other] provisions."

Take the maror into your hand and say:

This maror that we eat for what reason? Because the Egyptians embittered our fathers' lives in Egypt, as it is said:

"They made their lives bitter with hard service, with mortar and with bricks, and with all manner of service in the field;

all their service which they made them serve with rigor."

In every generation a person is obligated to regard himself as if he had come out of Egypt, as it is said: "You shall tell your child on that day, it is because of this that the Lrd did for me when I left Egypt."

The Holy One, blessed be He, redeemed not only our fathers from Egypt, but He redeemed also us with them, as it is said: "It was us that He brought out from there, so that He might bring us to give us the land that He swore to our fathers."

Cover the Matzah and raise the cup. The cup is to be held in the hand until the completion of the blessing, "Who Has Redeemed Us..."

Thus it is our duty to thank, to laud, to praise, to glorify, to exalt, to adore, to bless, to elevate and to honor the One who did all these miracles for our fathers and for us. He took us from slavery to freedom, from sorrow to joy, and from mourning to festivity, and from deep darkness to great light and from bondage to redemption. Let us therefore recite before Him Halleluyah, Praise G-d!

Halleluyah - Praise G-d! Offer praise, you servants of the L-rd; praise the Name of the L-rd. May the L-rd's Name be blessed from now and to all eternity. From the rising of the sun to its setting, the L-rd's Name is praised. The L-rd is high above all nations, His glory is over the heavens. Who is like the L-rd, our G-d, who dwells on high yet looks down so low upon heaven and earth! He raises the poor from the dust, He lifts the needy from the dunghill, to seat them with nobles, with the nobles of His people. He restores the barren woman to the house, into a joyful mother of children. Halleluyah - praise G-d.

When Israel went out of Egypt, the House of Jacob from a people of a foreign language, Judah became His holy one, Israel His dominion. The sea saw and fled, the Jordan turned backward. The mountains skipped like rams, the hills like young sheep. What is with you, O sea, that you flee; Jordan, that you turn backward? Mountains, why do you skip like rams; hills, like a pool of water, the flint-stone into a spring of water.

Blessed are You, G-d, our G-d, King of the universe, who has redeemed us and redeemed our fathers from Egypt, and enabled us to attain this night to eat matzah and maror. So too, G-d, our G-d and G-d of our fathers, enable us to attain other holidays and festivals that will come to us in peace with happiness in the rebuilding of Your city, and with rejoicing in Your service [in the Bet Hamikdash]. Then we shall eat (*Note: if the festival is on any day except Saturday night say:*) of the sacrifices and of the Passover-offerings (*If the Seder is on Saturday Night say:*) of the Passover-offerings and of the sacrifices whose blood shall be sprinkled on the wall of Your altar for acceptance; and we shall thank You with a new song for our redemption and for the deliverance of our souls. Blessed are You, G-d, who redeemed Israel.

Recite the following blessing, and drink the cup in the reclining position:

Blessed are You, L-rd, our G-d, King of the universe, who creates the fruit of the vine.

רחצה

Rachtzah
Now the hands are washed with recital of the blessing for washing the hands.
Blessed are You, L-rd, our G-d, King of the universe, who has sanctified us with His commandments and commanded us concerning the washing of the hands.

One should not speak until after making the next two blessings and eating the Matzah.

מוציא

Motzi

Take the Matzot in the order that they are lying on the tray - the broken piece between the two whole Matzot; hold them in your hand and recite the following blessing:

Blessed are You, L-rd, our G-d, King of the universe, who brings forth bread from the earth.

מצה

Matzah

Do not break anything off the Matzot. First put down the third Matza (the bottom one), and recite the following blessing over the broken Matza and the top one.

When reciting the following blessing, have in mind that it refers also to the eating of the "Sandwich" of Korech - which will be made with the third Matza - and also the eating of the Afikoman.

Blessed are You, L-rd, our G-d, King of the universe, who has sanctified us with His commandments and commanded us concerning the eating of Matzah.

Now break off a kezayit (the volume of one olive) of the two Matzot held, and eat the 2 pieces together in reclining position.

מרור

Maror

Now take a kezayit (the volume of one olive) of the Maror, dip it into the Charoset — but then shake off the Charoset that stuck to it, so that the bitter taste will not be neutralized. Recite the following blessing:

Blessed are You, L-rd, our G-d, King of the universe, who has sanctified us with His commandments and commanded us concerning the eating of Maror.

Now eat the Maror, without reclining.

כורך

Korech

Take the third Matzah, and also a kezayit (the volume of one olive) of the Chazeret - which is to be dipped into Charoset. Combine the two [like a sandwich], and say the following:

Thus did Hilel do at the time of the Bet HaMikdash: He would combine Passover lamb, Matzah and Maror and eat them together, as it said: "They shall eat it with Matzah and bitter herbs."

Now eat them together — in the reclining position.

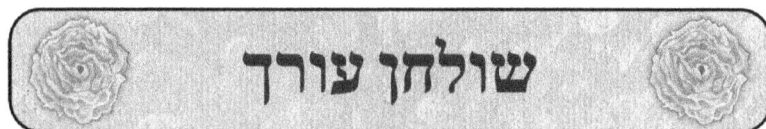

שולחן עורך

Shulchan Orech

Now eat and drink to your heart's delight. It is permitted to drink wine between the second and third cups.

צפון

Tzafun

After the meal, take the Afikoman and divide it among all the members of the household, by giving everyone a kezayit (the volume of one olive).

Take care not to eat or drink (only water allowed, but not recommended) after the Afikoman.

It is to be eaten in the reclining position and this ought to be done before midnight.

בָּרֵךְ

Berach

The third cup is poured now, and recite Birkat Hamazon (Blessing after the Meal) over it.

A Song of Ascents. When the L-rd will return the exiles of Zion, we will have been like dreamers. Then our mouth will be filled with laughter, and our tongue with joyous song. Then will they say among the nations, "The L-rd has done great things for these." The L-rd has done great things for us, we were joyful. L-rd, return our exiles as streams in the Negev. Those who sow in tears will reap with joyous song. He goes along weeping, carrying the bag of seed; he will surely come [back] with joyous song, carrying his sheaves.

A Psalm by the sons of Korach, a song whose foundation is in the holy mountains. The L-rd loves the gates of Zion more than all the dwelling places of Jacob. Glorious things are spoken of you, O city of G-d. I will make mention of Rahab and Babylon unto those that know me; behold Philistia and Tyre, as well as Cush, "This one was born there." But of Zion it will be said, "This man and that man was born there," and He, the Most High, will establish it. The L-rd will count the register of the nations, "This one was born there." Selah. Singers and dancers alike [will chant], "All my inner thoughts are of you."

I will bless the L-rd at all times; His praise is always in my mouth. The ultimate conclusion, all having been heard: fear G-d and observe His commandments, for this is the whole of man. My mouth will utter the praise of the L-rd, and all flesh shall bless His holy Name forever and ever. And we will bless the L-rd from now and forever; Halleluyah praise G-d.

Before mayim acharonim (washing fingers) the following verse is said:

This is the portion of a wicked man from G-d, and the heritage assigned to him by G-d.
After mayim acharonim, the following verse is said:

And he said to me: This is the table that is before the L-rd.

When the Grace after Meal is said with a quorum of three or more males over the age of 13, the leader begins:

Gentlemen, let us say Grace!
The others respond:
May the Name of the L-rd be blessed from now and forever.
The leader [repeats the response and] continues:
With the permission of the masters, teachers and gentlemen, let us bless He of whose bounty we have eaten.
The others respond:
Blessed be He of whose bounty we have eaten.
The leader repeats this response.

Those present who did not partake of the meal respond:

Blessed be our G-d and praised be His Name always, forever and ever. *All who ate recite the Grace:*

Blessed are You, L-rd, our G-d, King of the universe, who, in His goodness, feeds the whole world with grace, with kindness and with mercy. He gives food to all flesh, for His kindness is everlasting. Through His great goodness to us continuously we d o not lack food, and may we never lack it, for the sake of His great Name. For He is a [benevolent] G-d who feeds and sustains all, does good to all, and prepares food for all His creatures whom He has created, as it is said: You open Your hand and satisfy the desire of every living thing. Blessed are You L-rd, who provides food for all.

We thank You, L-rd, our G-d, for having given as a heritage to our fathers a precious, good and spacious land; for having brought us out, L-rd our G-d, from the land of Egypt and redeemed us from the house of slaves; for Your covenant which You have sealed in our flesh; for Your Torah which You have taught us; for Your statutes which You have made known to us; for the life, favor and kindness which You have graciously bestowed upon us; and for the food we eat with which You constantly feed and sustain us every day, at all times, and at every hour.

For all this, L-rd our G-d, we thank You and bless You. May Your Name be blessed by the mouth of every living being, constantly and forever. As it is written: When you have eaten and are satiated, you shall bless the L-rd your G-d, for the good land which He has given you. Blessed are You, L-rd, for the land and for the food.

Have mercy, L-rd our G-d, upon Israel Your people, upon Jerusalem Your city, upon Zion the abode of Your glory, upon the kingship of the house of David Your anointed, and upon the great and holy House which is called by Your Name. Our G-d, our Father, Our Shepherd, feed us, sustain us, nourish us and give us comfort; and speedily, L-rd our G-d, grant us relief from all our afflictions. L-rd, our G-d, please do not make us dependent upon the gifts of mortal men nor upon their loans, but only upon Your full, open, holy and generous hand, that we may not be shamed or disgraced forever and ever.

On Shabbat add:

May it please You, G-d, our G-d, to strengthen us through Your commandments, and through the precept of the Seventh Day, this great and holy Shabbat. For this day is great and holy before You, to refrain from work and to rest thereon with love, in accordance with the commandment of Your will. In Your will, G-d, our G-d, bestow upon us tranquility, that there shall be no trouble, sadness or grief on the day of our rest. G-d, our G-d, let us see the consolation of Zion Your city, and the rebuilding of Jerusalem Your holy city, for You are the Master of [all] salvations and the Master of [all] consolations.]

Our G-d and G-d of our fathers, may there ascend, come and reach, be seen and accepted, heard, recalled and remembered before You, the remembrance and recollection of us, the remembrance of our fathers, the remembrance of Mashiach the son of David Your servant, the remembrance of Jerusalem Your holy city, and the remembrance of all Your people the House of Israel, for deliverance, well-being, grace, kindness, mercy, good life and peace, on this day of the Festival of Matzot, on this Festival of holy convocation. Remember us on this [day], L-rd, our

G-d, for good; recollect us on this [day] for blessing; help us on this [day] for good life. With the promise of deliverance and compassion, spare us and be gracious to us; have mercy upon us and deliver us; for our eyes are directed to You, for You, G-d, are a gracious and merciful King.

Rebuild Jerusalem the holy city speedily in our days. Blessed are You, L-rd, who in His mercy rebuilds Jerusalem. Amen.

Blessed are You, L-rd, our G-d, King of the universe, benevolent G-d, our Father, our King, our Might, our Creator, our Redeemer, our Maker, our Holy One, the Holy One of Jacob, our Shepherd, the Shepherd of Israel, the King who is good and does good to all, each and every day. He has done good for us, He does good for us, and He will do good for us; He has bestowed, He bestows, and He will forever bestow upon us grace, kindness and mercy, relief, salvation and success, blessing and help, consolation, sustenance and nourishment, compassion, life, peace and all goodness; and may He never cause us to lack any good.

May the Merciful One reign over us forever and ever.
May the Merciful One be blessed in heaven and on earth.
May the Merciful One be praised for all generations, and be glorified in us forever and all eternity, and honored in us forever and ever.
May the Merciful One sustain us with honor.
May the Merciful One break the yoke of exile from our neck and may He lead us upright to our land.
May the Merciful One send abundant blessing into this house and upon this table at which we have eaten.
May the Merciful One send us Elijah the Prophet may he be remembered for good and may he bring us good tidings, salvation and consolation.
May the Merciful One bless my father, my teacher, the master of this house, and my mother, my teacher, the mistress of this house; them, their household, their children, and all that is theirs; us, and all that is ours. Just as He blessed our forefathers, Abraham, Isaac and Jacob, "in everything," "from everything," with "everything," so may He bless all of us (the children of the Covenant) together with a perfect blessing, and let us say, Amen.

From On High, may there be invoked upon him and upon us such merit which will bring a safeguarding of peace. May we receive blessing from the L-rd and just kindness from the G-d of our salvation, and may we find grace and good understanding in the eyes of G-d and man.

On Shabbat add:
May the Merciful One cause us to inherit that day which will be all Shabbat and rest for life everlasting.

May the Merciful One cause us to inherit that day which is all good.
May the Merciful One grant us the privilege of reaching the days of the Mashiach and the life of the World to Come. He is a tower of salvation to His king, and bestows kindness upon His anointed, to David and his descendants forever. He who makes peace in His heights, may He make peace for us and for all Israel; and say, Amen.
Fear the L-rd, you His holy ones, for those who fear Him suffer no want. Young lions are in need and go hungry, but those who seek the L-rd shall not lack any good. Give thanks to the L-rd for He is good, for His kindness is everlasting. You open Your hand and satisfy the desire of every living thing. Blessed is the man who trusts in the L-rd, and the L-rd will be his trust.

Recite the blessing for the wine, and drink in reclining position.

Blessed are You, L-rd, our G-d, King of the universe, who creates the fruit of the vine.

The fourth cup is poured and the door is opened. Say the following:

Pour out Your wrath upon the nations that do not acknowledge You, and upon the kingdoms that do not call upon Your Name. For they have devoured Jacob and laid waste his habitation.Pour out Your indignation upon them, and let the wrath of Your anger overtake them. Pursue them with anger, and destroy them from beneath the heavens of the L-rd.

הלל נרצה

Hallel

Not to us, L-rd, not to us, but to Your Name give glory, for the sake of Your kindness and Your truth. Why should the nations say, "Where, now, is their G-d?" Our G-d is in heaven, whatever He desires, He does. Their idols are of silver and gold, the product of human hands: they have a mouth, but cannot speak; they have eyes, but cannot see; they have ears, but cannot hear; they have a nose, but cannot smell; their hands cannot feel; their feet cannot walk; they can make no sound with their throat. Like them should be their makers, everyone that trusts in them. Israel, trust in the L-rd! He is their help and their shield. House of Aaron, trust in the L-rd! He is their help and their shield. You who fear the L-rd, trust in the L-rd! He is their help and their shield.

The L-rd, mindful of us, will bless. He will bless the House of Israel; He will bless the House of Aaron; He will bless those who fear the Lrd, the small with the great. May the L-rd increase [blessing] upon you, upon you and upon your children. You are blessed unto the L-rd, the Maker of heaven and earth. The heavens are the heavens of the L-rd, but the earth He gave to the children of man. The dead do not praise G-d, nor do those that go down into the silence [of the grave]. But we will bless G-d, from now to eternity. Halleluyah Praise G-d.

I love the L-rd, because He hears my voice, my prayers. For He turned His ear to me; all my days I will call [upon Him]. The pangs of death encompassed me, and the agonies of the grave came upon me, trouble and sorrow I encounter and I call u upon the Name of the L-rd: Please, Lrd, deliver my soul! The L-rd is gracious and just, our G-d is compassionate. The L-rd watches over the simpletons; I was brought low and He saved me. Return, my soul, to your rest, for the Lrd has dealt kindly with you. For You have delivered my soul from death, my eyes from tears, my foot from stumbling. I will walk before the L-rd in the lands of the living. I had faith even when I said, "I am greatly afflicted;" [even when] I said in my haste, "All men are deceitful."

What can I repay the L-rd for all His kindness to me? I will raise the cup of salvation and call upon the Name of the L-rd. I will pay my vows to the L-rd in the presence of all His people. Precious in the eyes of the L-rd is the death of His pious ones. I thank you, L-rd, for I am Your servant. I am Your servant the son of Your handmaid, You have loosened my bonds. To You I will bring an offering of thanksgiving, and I will call upon the Name of the L-rd. I will pay my vows to the L-rd in the presence of all His people, in the courtyards of the House of the L-rd, in the midst of Jerusalem. Halleluyah Praise G-d.

Praise the L-rd, all nations! Extol Him, all peoples! For His kindness was mighty over us, and the truth of the L-rd is everlasting. Halleluyah Praise G-d.

Give thanks to the L-rd, for He is good, for His kindness is everlasting.
Let Israel say [it], for His kindness is everlasting.
Let the House of Aaron say [it], for His kindness is everlasting.
Let those who fear the L-rd say [it], for His kindness is everlasting.

Out of narrow confines I called to G-d; G-d answered me with abounding relief. The L-rd is with me, I will not fear what can man do to me? The L-rd is with me, through my helpers, and I can face my enemies. It is better to rely on the L-rd, than to trust in man. It is better to rely on the L-rd, than to trust in nobles. All nations surround me, but I cut them down in the Name of the L-rd. They surrounded me, they encompassed me, but I cut them down in the Name of the L-rd. They surrounded me like bees, yet they are extinguished like a fire of thorns; I cut them down in the Name of the L-rd. You [my foes] pushed me again and again to fall, but the L-rd helped me. G-d is my strength and song, and this has been my salvation. The sound of joyous song and salvation is in the tents of the righteous: "The right hand of the L-rd performs deeds of valor. The right hand of the L-rd is exalted; the right hand of the L-rd performs deeds of valor!" I shall not die, but I shall live and relate the deeds of G-d. G-d has chastised me, but He did not give me over to death. Open for me the gates of righteousness; I will enter them and give thanks to G-d. This is the gate of the L-rd, the righteous will enter it.

I thank You for You have answered me, and You have been a help to me.
I thank You for You have answered me, and You have been a help to me.
The stone scorned by the builders has become the main cornerstone.
The stone scorned by the builders has become the main cornerstone.
This was indeed from the L-rd, it is wondrous in our eyes.
This was indeed from the L-rd, it is wondrous in our eyes.
This day the L-rd has made, let us be glad and rejoice on it.
This day the L-rd has made, let us be glad and rejoice on it.
O L-rd, please help us! O L-rd, please help us!
O L-rd, please grant us success! O L-rd, please grant us success!
Blessed is he who comes in the Name of the L-rd; we bless you from the House of the L-rd.
Blessed is he who comes in the Name of the L-rd; we bless you from the House of the L-rd.
The L-rd is Almighty, He gave us light; bind the festival-offering until [you bring it to] the horns of the altar.
The L-rd is Almighty, He gave us light; bind the festival-offering until [you bring it to] the horns of the altar.

You are my G-d and I will thank You; my G-d, I will exalt You.

You are my G-d and I will thank You; my G-d, I will exalt You.

Give thanks to the L-rd, for He is good, for His kindness is everlasting.
Give thanks to the L-rd, for He is good, for His kindness is everlasting.

L-rd, our G-d, all Your works shall praise You; Your pious ones, the righteous who do Your will, and all Your people, the House of Israel, with joyous song will thank and bless, laud and glorify, exalt and adore, sanctify and proclaim the sovereignty of Your Name, our King. For it is good to thank You, and befitting to sing to Your Name, for from the beginning to the end of the world

You are Almighty G-d. Give thanks to the L-rd, for He is good for His kindness is everlasting;

Give thanks to the G-d of gods for His kindness is everlasting; **Give thanks to the L-rd of lords** for His kindness is everlasting; **Who alone does great wonders** for His kindness is everlasting; **Who made the heavens** with understanding for His kindness is everlasting;
Who stretched out the earth above the waters for His kindness is everlasting;
Who made the great lights for His kindness is everlasting;
The sun, to rule by day for His kindness is everlasting;
The moon and stars, to rule by night for His kindness is everlasting;
Who struck Egypt through their first-born for His kindness is everlasting;
And brought Israel out of their midst for His kindness is everlasting;
With a strong hand and with an outstretched arm for His kindness is everlasting;
Who split the Sea of Reeds into sections for His kindness is everlasting;
And led Israel through it for His kindness is everlasting;
And cast Pharaoh and his army into the Sea of Reeds for His kindness is everlasting
Who led His people through the desert for His kindness is everlasting;
Who struck great kings for His kindness is everlasting;
And slew mighty kings for His kindness is everlasting;
Sichon, king of the Amorites for His kindness is everlasting;
And Og, king of Bashan for His kindness is everlasting;
And gave their land as a heritage for His kindness is everlasting;
A heritage to Israel, His servant for His kindness is everlasting;
Who remembered us in our lowliness for His kindness is everlasting;
And delivered us from our oppressors for His kindness is everlasting;
Who gives food to all flesh for His kindness is everlasting;
Thank the G-d of heaven for His kindness is everlasting.

The soul of every living being shall bless Your Name, L-rd, our G-d; and the spirit of all flesh shall always glorify and exalt

Your remembrance, our King. From the beginning to the end of the world You are Almighty G-d; and other than You we have no King, Redeemer and Savior who delivers, rescues, sustains, answers and is merciful in every time of trouble and distress; we have no King but You.

[You are] the G-d of the first and of the last [generations], G-d of all creatures, L-rd of all events, who is extolled with manifold praises, who directs His world with kindness and His creatures with compassion. Behold, the L-rd neither slumbers nor sleeps. He arouses the sleepers and awakens the slumberous, gives speech to the mute, releases the bound, supports the falling and raises up those who are bowed.

To You alone we give thanks. Even if our mouths were filled with song as the sea, and our tongues with joyous singing like the multitudes of its waves, and our lips with praise like the expanse of the sky; and our eyes shining like the sun and the moon, and our hands spread out like the eagles of heaven, and our feet swift like deer we would still be unable to thank You L-rd, our G-d and G-d of our fathers, and to bless Your Name, for even one of the thousands of millions, and myriads of myriads, of favors, miracles and wonders which You have done for us and for our fathers before us. L-rd, our G-d.

You have redeemed us from Egypt, You have freed us from the house of bondage, You have fed us in famine and nourished us in plenty; You have saved us from the sword and delivered us from pestilence, and raised us from evil and lasting maladies. Until now Your mercies have helped us, and Your kindnesses have not forsaken us; and do not abandon us, L-rd our G-d, forever! Therefore, the limbs which You have arranged within us, and the spirit and soul which You have breathed into our nostrils, and the tongue which You have placed in our mouth they all shall thank, bless, praise, glorify, exalt, adore, sanctify and proclaim the sovereignty of Your Name, our King.

For every mouth shall offer thanks to You, every tongue shall swear by You, every eye shall look to You, every knee shall bend to You, all who stand erect shall, l bow down before You, all hearts shall fear You, and every innermost part shall sing praise to Your Name, as it is written: "All my bones will say, L-rd, who is like You; You save the poor from one stronger than he, the poor and the needy from one who would rob him!" Who can be likened to You, who is equal to You, who can be compared to You, the great, mighty, awesome G-d, G-d most high, Possessor of heaven and earth! We will laud You, praise You and glorify You, and we will bless Your holy Name e, as it is said: "[A Psalm] by David; bless the L-rd, O my soul, and all that is within me [bless] His holy Name."

You are the Almighty G-d in the power of Your strength; the Great in the glory of Your Name; the Mighty forever, and the Awesome in Your awesome deeds; the King who sits upon a lofty and exalted throne.

He who dwells for eternity, lofty and holy is His Name. And it is written: "Sing joyously to the Lrd, you righteous; it befits the upright to offer praise." By the mouth of the upright You are exalted; by the lips of the righteous You are blessed ; by the tongue of the pious You are sanctified; and among the holy ones You are praised.

In the assemblies of the myriads of Your people, the House of Israel, Your Name, our King, shall be glorified with song in every generation. For such is the obligation of all creatures before You, L-rd, our G-d and G-d of our fathers, to thank, to laud, to praise, to glorify, to exalt, to adore, to bless, to elevate and to honor You, even beyond all the words of songs and praises of David son of Yishai, Your anointed servant.

And therefore may Your Name be praised forever, our King, the great and holy G-d and King in heaven and on earth. For to You, L-rd, our G-d and G-d of our fathers, forever befits song and praise, laud and hymn, strength and dominion, victory, greatness and might, glory, splendor, holiness and sovereignty; blessings and thanksgivings to Your great and holy Name; from the beginning to the end of the world You are Almighty G-d. Blessed are You, L-rd, Almighty G-d, King, great and extolled in praises, G-d of thanksgivings, L-rd of wonders, Creator of all souls, Master of all creatures, who takes pleasure in songs of praise; the only King, the Life of all worlds.

Those who have the custom to recite hymns [after the Seder] should not do so now, between this blessing and the one for the fourth cup. One must recite the blessing for the fourth cup immediately now:

28

Blessed are You, L-rd, our G-d, King of the universe, who creates the fruit of the vine.

Drink in reclining position. Concluding Blessing for the Wine:

Blessed are You, L-rd our G-d, King of the universe for the vine and the fruit of the vine, for the produce of the field, and for the precious, good and spacious land which You have favored to give as an heritage to our fathers, to eat of its fruit and be satiated by its goodness. Have mercy, L-rd our G-d, on Israel Your people, on Jerusalem Your city, on Zion the abode of Your glory, on Your altar and on Your Temple. Rebuild Jerusalem, the holy city, speedily in our days, and bring us up into it, and make us rejoice in it, and we will bless You in holiness and purity (On Shabbat add: May it please You to strengthen us on this Shabbat day) and remember us for good on this day of the Festival of Matzot. For You, L-rd, are good and do good to all, and we thank You for the land and for the fruit of the vine. Blessed are You, L-rd, for the land and for the fruit of the vine.

Nirtzah Afterwards say:

NEXT YEAR IN JERUSALEM!

סדר בדיקת חמץ

המנהג להניח פתיתי חמץ קשה זמן מה קודם הבדיקה כדי שימצאם הבודק. ועל פי הקבלה יש להניח עשרה פתיתים. וקודם שיתחיל לבדוק יברך:

בָּרוּךְ אַתָּה יְיָ אֱלֹהֵינוּ מֶלֶךְ הָעוֹלָם אֲשֶׁר קִדְּשָׁנוּ בְּמִצְוֹתָיו וְצִוָּנוּ עַל בִּעוּר חָמֵץ:

וצריך לחפש לאור הנר בכל המחבואות גם בסדקים שבקרקע. ולא ידבר בין הברכה לתחלת הבדיקה אפילו מענייני הבדיקה. ונכון שלא ישיח, שלא מענייני הבדיקה, כל זמן בדיקתו. ויעמיד מבני ביתו אצלו לשמוע הברכה, שיבדקו איש במקומו, ולא ישיחו בינתיים. ויזהרו לבדוק תחלה בחדר הסמוך למקום ששמעו הברכה, ולא ילכו לבדוק תיכף אחר הברכה לחדר אחר. ואחר הבדיקה יזהר, בחמץ שמשייר להצניעו למחר לשרפה או לאכילה, לשמרו שלא יוליכוהו אנה ואנה, שלא יתפרר ויתגרר ממנו על ידי תינוקות או עכברים. וגם צריך לבטל אחר הבדיקה ויאמר:

כָּל־חֲמִירָא וַחֲמִיעָא דְּאִכָּא בִרְשׁוּתִי דְּלָא חֲמִיתֵיהּ וּדְלָא בִעַרְתֵּיהּ וּדְלָא יְדַעְנָא לֵיהּ לִבָּטֵל וְלֶהֱוֵי הֶפְקֵר כְּעַפְרָא דְאַרְעָא:

[תרגום: כָּל־שְׂאוֹר וְחָמֵץ שֶׁיֵּשׁ בִּרְשׁוּתִי, שֶׁלֹּא רְאִיתִיו, וְשֶׁלֹּא פִּנִּיתִיו, וְשֶׁלֹּא יָדוּעַ לִי, יִבָּטֵל וִיהֵא הֶפְקֵר כַּעֲפַר הָאָרֶץ]:

ביום י"ד בשעה ה' יעשה לו מדורה בפני עצמו וישרפנו ויבטלנו. ובביטול היום יאמר:

כָּל־חֲמִירָא וַחֲמִיעָא דְּאִכָּא בִרְשׁוּתִי דַּחֲזִיתֵיהּ וּדְלָא חֲזִיתֵיהּ דַּחֲמִיתֵיהּ וּדְלָא חֲמִיתֵיהּ דְּבִעַרְתֵּיהּ וּדְלָא בִעַרְתֵּיהּ לִבָּטֵל וְלֶהֱוֵי הֶפְקֵר כְּעַפְרָא דְאַרְעָא:

[תרגום: כָּל־שְׂאוֹר וְחָמֵץ שֶׁיֵּשׁ בִּרְשׁוּתִי, שֶׁרְאִיתִיו וְשֶׁלֹּא רְאִיתִיו (מֵעוֹלָם), שֶׁרְאִיתִיו וְשֶׁלֹּא רְאִיתִיו (כָּעֵת), שֶׁפִּנִּיתִיו וְשֶׁלֹּא פִּנִּיתִיו, יִבָּטֵל וִיהֵא הֶפְקֵר כַּעֲפַר הָאָרֶץ]:

ויש לשרוף עשרה פתיתים ובשעת שריפת החמץ יאמר זה:

יְהִי רָצוֹן מִלְּפָנֶיךָ יְיָ אֱלֹהֵינוּ וֵאלֹהֵי אֲבוֹתֵינוּ כְּשֵׁם שֶׁאֲנִי מְבַעֵר חָמֵץ מִבֵּיתִי וּמֵרְשׁוּתִי כָּךְ תְּבַעֵר אֶת כָּל הַחִיצוֹנִים וְאֶת רוּחַ הַטֻּמְאָה תַּעֲבִיר מִן הָאָרֶץ וְאֶת יִצְרֵנוּ הָרַע תַּעֲבִירֵהוּ מֵאִתָּנוּ וְתִתֶּן לָנוּ לֵב בָּשָׂר לְעָבְדְּךָ בֶּאֱמֶת וְכָל סִטְרָא אַחֲרָא וְכָל הַקְּלִפּוֹת וְכָל הָרִשְׁעָה בְּעָשָׁן תִּכְלֶה וְתַעֲבִיר מֶמְשֶׁלֶת זָדוֹן מִן הָאָרֶץ וְכָל הַמְּעִיקִים לַשְּׁכִינָה תְּבַעֲרֵם בְּרוּחַ בַּעֵר וּבְרוּחַ מִשְׁפָּט כְּשֵׁם שֶׁבִּעַרְתָּ אֶת מִצְרַיִם וְאֶת אֱלֹהֵיהֶם בַּיָּמִים הָהֵם וּבַזְּמַן הַזֶּה אָמֵן סֶלָה:

סדר קורבן פסח

"ונשלמה פרים שפתינו" ותפלת מנחה היא במקום תמיד של בין־הערבים, ובזמן שבית המקדש היה קיים, היה הפסח נשחט אחר תמיד של בין־הערבים. כן ראוי לעסוק בסדר קרבן־פסח אחר תפלת המנחה, ויאמר זה:

קָרְבַּן פֶּסַח מֵבִיא מִן הַכְּבָשִׂים אוֹ מִן הָעִזִּים זָכָר בֶּן שָׁנָה וְשׁוֹחֲטוֹ בָּעֲזָרָה בְּכָל מָקוֹם אַחַר חֲצוֹת אַרְבָּעָה עָשָׂר דַּוְקָא וְאַחַר שְׁחִיטַת תָּמִיד שֶׁל בֵּין הָעַרְבַּיִם וְאַחַר הֲטָבַת נֵרוֹת שֶׁל בֵּין הָעַרְבַּיִם. וְאֵין שׁוֹחֲטִין אֶת הַפֶּסַח עַל הֶחָמֵץ. וְאִם שָׁחַט קֹדֶם לַתָּמִיד, כָּשֵׁר, וּבִלְבַד שֶׁיְּהֵא אַחֵר מְמָרֵס בְּדַם הַפֶּסַח כְּדֵי שֶׁלֹּא יִקְרֹשׁ עַד שֶׁיִּזָּרְקוּ דַּם הַתָּמִיד, וְאַחַר כָּךְ יִזְרְקוּ דַּם הַפֶּסַח זְרִיקָה אַחַת כְּנֶגֶד הַיְסוֹד. וְכֵיצַד עוֹשִׂין? שָׁחַט הַשּׁוֹחֵט וְקִבֵּל הַכֹּהֵן הָרִאשׁוֹן שֶׁבְּרֹאשׁ הַשּׁוּרָה וְנָתַן לַחֲבֵרוֹ, וַחֲבֵרוֹ לַחֲבֵרוֹ, וְהַכֹּהֵן הַקָּרוֹב אֵצֶל הַמִּזְבֵּחַ זוֹרְקוֹ זְרִיקָה אַחַת כְּנֶגֶד הַיְסוֹד, וְחוֹזֵר הַכְּלִי רֵיקָן לַחֲבֵרוֹ, וַחֲבֵרוֹ לַחֲבֵרוֹ, וּמְקַבֵּל כְּלִי הַמָּלֵא תְּחִלָּה וְאַחַר כָּךְ מַחֲזִיר הָרֵיקָן. וְהָיוּ שׁוּרוֹת שֶׁל בָּזִיכֵי כֶסֶף וְשׁוּרוֹת שֶׁל בָּזִיכֵי זָהָב. וְלֹא הָיוּ לַבָּזִיכִין שׁוּלַיִם שֶׁמָּא יַנִּיחֵם וְיִקְרֹשׁ הַדָּם. אַחַר כָּךְ תּוֹלִין אֶת הַפֶּסַח וּמַפְשִׁיטִין אוֹתוֹ כֻּלּוֹ וְקוֹרְעִין אוֹתוֹ וּמְמַחִין אֶת קְרָבָיו עַד שֶׁיֵּצֵא הַפֶּרֶשׁ וּמוֹצִיאִין אֶת הָאֵימוּרִים וְהֵם הַחֵלֶב שֶׁעַל הַקֶּרֶב וְיוֹתֶרֶת הַכָּבֵד וּב׳ כְּלָיוֹת וְהַחֵלֶב שֶׁעֲלֵיהֶן וְהָאַלְיָה לְעֻמַּת הֶעָצֶה, וְנוֹתְנָם בִּכְלִי שָׁרֵת וּמוֹלְחָם וּמַקְטִירָם הַכֹּהֵן עַל גַּבֵּי הַמִּזְבֵּחַ כָּל אֶחָד לְבַדּוֹ. וְהַשְּׁחִיטָה וְהַזְּרִיקָה וּמִחוּי קְרָבָיו וְהֶקְטֵר חֲלָבָיו דּוֹחִין אֶת הַשַּׁבָּת, וּשְׁאָר עִנְיָנָיו אֵינָם דּוֹחִין אֶת הַשַּׁבָּת. וְכֵן אֵין מוֹלִיכִין אֶת הַפֶּסַח לַבַּיִת כְּשֶׁחָל בְּשַׁבָּת אֶלָּא כַּת הָאַחַת הֵם מִתְעַכְּבִים עִם פִּסְחֵיהֶם בְּהַר הַבַּיִת וְהַכַּת הַשְּׁנִיָּה יוֹשֶׁבֶת לָהּ בַּחֵיל וְהַשְּׁלִישִׁית בִּמְקוֹמָהּ עוֹמֶדֶת. חָשְׁכָה, יָצְאוּ וְצָלוּ פִּסְחֵיהֶם. בִּשְׁלֹשָׁה כִּתּוֹת הַפֶּסַח נִשְׁחָט וְאֵין כַּת פְּחוּתָה מִשְּׁלֹשִׁים אֲנָשִׁים. נִכְנְסָה כַּת הָרִאשׁוֹנָה נִתְמַלְּאָה הָעֲזָרָה נוֹעֲלִין אוֹתָהּ. וּבְעוֹד שֶׁהֵם שׁוֹחֲטִין וּמַקְרִיבִין אֶת הָאֵימוּרִים קוֹרְאִין אֶת הַהַלֵּל. אִם גָּמְרוּ אוֹתוֹ קֹדֶם שֶׁיַּקְרִיבוּ כֻּלָּם שׁוֹנִים אוֹתוֹ, וְאִם שָׁנוּ יְשַׁלֵּשׁוּ. עַל כָּל קְרִיאָה תּוֹקְעִין ג׳ תְּקִיעוֹת תְּקִיעָה תְּרוּעָה תְּקִיעָה. גָּמְרוּ לְהַקְרִיב פּוֹתְחִין הָעֲזָרָה. יָצְאָה כַּת רִאשׁוֹנָה נִכְנְסָה כַּת שְׁנִיָּה נוֹעֲלִין דַּלְתוֹת הָעֲזָרָה. גָּמְרוּ, פּוֹתְחִין, יָצְאָה כַּת שְׁנִיָּה נִכְנְסָה כַּת שְׁלִישִׁית וּמַעֲשֵׂה כֻלָּן שָׁוִין. וְאַחַר שֶׁיָּצְאוּ כֻלָּן רוֹחֲצִין הָעֲזָרָה וַאֲפִילוּ בְּשַׁבָּת מִפְּנֵי לִכְלוּךְ הַדָּם שֶׁהָיָה בָהּ. וְכֵיצַד הָיְתָה הָרְחִיצָה? אַמַּת הַמַּיִם הָיְתָה עוֹבֶרֶת בָּעֲזָרָה וְהָיָה לָהּ מָקוֹם לָצֵאת מִמֶּנָּה, וּכְשֶׁרוֹצִין לְהָדִיחַ אֶת הָרִצְפָּה, סוֹתְמִין מְקוֹם יְצִיאָתָהּ וְהִיא מִתְמַלֵּאת עַל כָּל גְּדוֹתֶיהָ מִפּה וּמִפּה עַד שֶׁהַמַּיִם עוֹלִים וְצָפִים מִכָּאן וּמִכָּאן וּמְקַבֵּץ אֵלֶיהָ כָּל דָּם וְכָל לִכְלוּךְ שֶׁהָיָה בָּעֲזָרָה וְאַחַר כָּךְ פּוֹתְחִין מְקוֹם יְצִיאָתָהּ וְהַכֹּל יוֹצֵא עַד שֶׁנִּשְׁאָר הָרִצְפָּה מְנֻקָּה וּמְשֻׁפָּה זֶהוּ כְּבוֹד הַבַּיִת. וְאִם הַפֶּסַח נִמְצָא טְרֵפָה, לֹא עָלָה לוֹ עַד שֶׁמֵּבִיא אַחֵר:

והוצאתי
והצלתי
וגאלתי
ולקחתי
אשר
דן
יהודה
ראובן

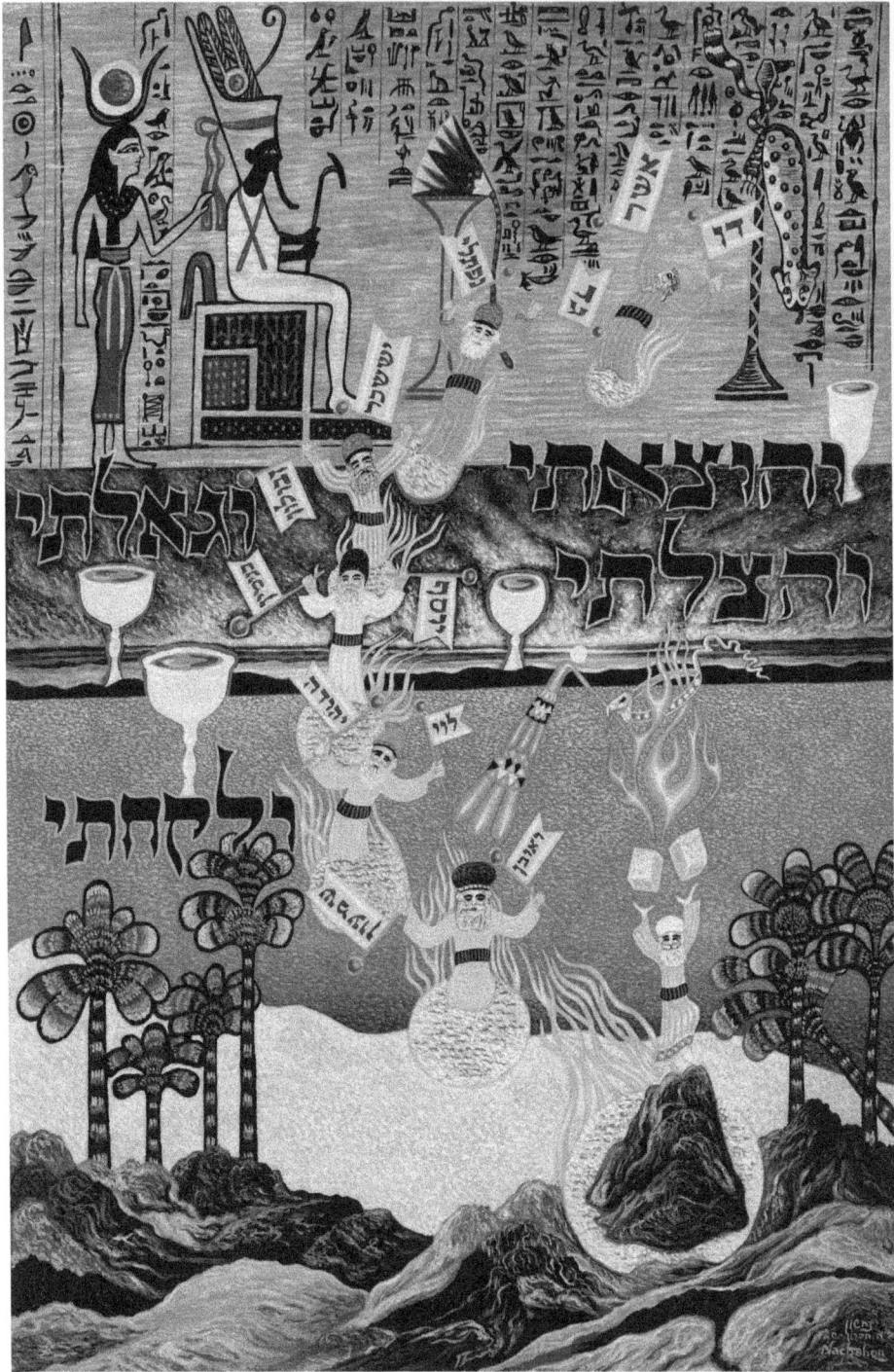

סדר הדלקת נרות

לפני כניסת החג, לכל הפחות 18 דקות קודם שקיעת השמש, מדליקות נשי ובנות ישראל - נר של חג. רווקה מדליקה נר אחד, ונשואה שני נרות ויותר.

אור הנרות מוסיף ב'שלום־בית' ובמרגוע בין איש לאשתו, ומאיר למשפחה כולה את כל החג. שעת הדלקת נרות היא עת רצון וזמן מיוחד לבקשות ותפילות.

בחג **שאינו חל בשבת**, ניתן להדליק נרות גם לאחר כניסת החג - על־ידי העברה מאש קיימת שהודלקה לפני החג. **אין להדליק אש חדשה לצורך כך.**

לאחר ההדלקה מכסה המדליקה את העיניים ומברכת:

בערב חג

בָּרוּךְ אַתָּה יְהֹוָה אֱלֹהֵינוּ מֶלֶךְ הָעוֹלָם אֲשֶׁר קִדְּשָׁנוּ בְּמִצְוֹתָיו וְצִוָּנוּ לְהַדְלִיק נֵר שֶׁל יוֹם טוֹב:

בָּרוּךְ אַתָּה יְיָ אֱלֹהֵינוּ מֶלֶךְ הָעוֹלָם, שֶׁהֶחֱיָנוּ וְקִיְּמָנוּ וְהִגִּיעָנוּ לִזְמַן הַזֶּה:

בערב שבת וחג

בָּרוּךְ אַתָּה יְהֹוָה אֱלֹהֵינוּ מֶלֶךְ הָעוֹלָם אֲשֶׁר קִדְּשָׁנוּ בְּמִצְוֹתָיו וְצִוָּנוּ לְהַדְלִיק נֵר שֶׁל שַׁבָּת וְשֶׁל יוֹם טוֹב:

בָּרוּךְ אַתָּה יְיָ אֱלֹהֵינוּ מֶלֶךְ הָעוֹלָם, שֶׁהֶחֱיָנוּ וְקִיְּמָנוּ וְהִגִּיעָנוּ לִזְמַן הַזֶּה:

ברוך אתה ה' אלקינו מלך העולם,
שהחינו וקימנו והגיענו לזמן הזה:

כשליל הסדר חל בליל שבת אומרים 'שלום עליכם' ו'אשת־חיל'.

שני מלאכים מלווים את האדם בליל שבת בלכתו מבית הכנסת אל שולחן השבת, כאשר רואים המלאכים שולחן ערוך ובית מואר מאחלים הם לבני הבית שיזכו כן בשבת הבאה. אנו מקדמים את פניהם בברכת "שלום עליכם".

שָׁלוֹם עֲלֵיכֶם מַלְאֲכֵי הַשָּׁרֵת מַלְאֲכֵי עֶלְיוֹן מִמֶּלֶךְ מַלְכֵי הַמְּלָכִים הַקָּדוֹשׁ בָּרוּךְ הוּא: (שלוש פעמים)

בּוֹאֲכֶם לְשָׁלוֹם מַלְאֲכֵי הַשָּׁלוֹם מַלְאֲכֵי עֶלְיוֹן מִמֶּלֶךְ מַלְכֵי הַמְּלָכִים הַקָּדוֹשׁ בָּרוּךְ הוּא: (שלוש פעמים)

בָּרְכוּנִי לְשָׁלוֹם מַלְאֲכֵי הַשָּׁלוֹם מַלְאֲכֵי עֶלְיוֹן מִמֶּלֶךְ מַלְכֵי הַמְּלָכִים הַקָּדוֹשׁ בָּרוּךְ הוּא: (שלוש פעמים)

צֵאתְכֶם לְשָׁלוֹם מַלְאֲכֵי הַשָּׁלוֹם מַלְאֲכֵי עֶלְיוֹן מִמֶּלֶךְ מַלְכֵי הַמְּלָכִים הַקָּדוֹשׁ בָּרוּךְ הוּא: (שלוש פעמים)

כִּי מַלְאָכָיו יְצַוֶּה לָּךְ, לִשְׁמָרְךָ בְּכָל דְּרָכֶיךָ:
יְיָ יִשְׁמָר צֵאתְךָ וּבוֹאֶךָ, מֵעַתָּה וְעַד עוֹלָם:

לפני הקידוש אומרים דברי שבח לאשה שטרחה במשך השבוע בעבודות הבית, ובמיוחד בהכנות לשבת קודש. הקטע לקוח מספר "משלי" שכתב שלמה המלך.

(הפסוקים מתחילים בסדר אותיות הא־ב)

אֵשֶׁת־חַיִל מִי יִמְצָא, וְרָחֹק מִפְּנִינִים מִכְרָהּ: בָּטַח בָּהּ לֵב בַּעְלָהּ, וְשָׁלָל לֹא יֶחְסָר: גְּמָלַתְהוּ טוֹב וְלֹא־רָע, כֹּל יְמֵי חַיֶּיהָ: דָּרְשָׁה צֶמֶר וּפִשְׁתִּים, וַתַּעַשׂ בְּחֵפֶץ כַּפֶּיהָ: הָיְתָה כָּאֳנִיּוֹת סוֹחֵר, מִמֶּרְחָק תָּבִיא לַחְמָהּ: וַתָּקָם | בְּעוֹד לַיְלָה, וַתִּתֵּן טֶרֶף לְבֵיתָהּ, וְחֹק לְנַעֲרֹתֶיהָ: זָמְמָה שָׂדֶה וַתִּקָּחֵהוּ, מִפְּרִי כַפֶּיהָ נָטְעָה כָּרֶם: חָגְרָה בְעוֹז מָתְנֶיהָ, וַתְּאַמֵּץ זְרוֹעֹתֶיהָ: טָעֲמָה כִּי־טוֹב סַחְרָהּ, לֹא־יִכְבֶּה בַלַּיְלָה נֵרָהּ: יָדֶיהָ שִׁלְּחָה בַכִּישׁוֹר, וְכַפֶּיהָ תָּמְכוּ פָלֶךְ: כַּפָּהּ פָּרְשָׂה לֶעָנִי, וְיָדֶיהָ שִׁלְּחָה לָאֶבְיוֹן: לֹא־תִירָא לְבֵיתָהּ מִשָּׁלֶג, כִּי כָל־בֵּיתָהּ לָבֻשׁ שָׁנִים: מַרְבַדִּים עָשְׂתָה־לָּהּ, שֵׁשׁ וְאַרְגָּמָן לְבוּשָׁהּ: נוֹדָע בַּשְּׁעָרִים בַּעְלָהּ, בְּשִׁבְתּוֹ עִם־זִקְנֵי־אָרֶץ: סָדִין עָשְׂתָה וַתִּמְכֹּר, וַחֲגוֹר נָתְנָה לַכְּנַעֲנִי: עֹז־וְהָדָר לְבוּשָׁהּ, וַתִּשְׂחַק לְיוֹם אַחֲרוֹן: פִּיהָ פָּתְחָה בְחָכְמָה, וְתוֹרַת חֶסֶד עַל־לְשׁוֹנָהּ: צוֹפִיָּה הֲלִיכוֹת בֵּיתָהּ, וְלֶחֶם עַצְלוּת לֹא תֹאכֵל: קָמוּ בָנֶיהָ וַיְאַשְּׁרוּהָ, בַּעְלָהּ וַיְהַלְלָהּ: רַבּוֹת בָּנוֹת עָשׂוּ חָיִל, וְאַתְּ עָלִית עַל־כֻּלָּנָה: שֶׁקֶר הַחֵן וְהֶבֶל הַיֹּפִי, אִשָּׁה יִרְאַת־יְיָ הִיא תִתְהַלָּל: תְּנוּ־לָהּ מִפְּרִי יָדֶיהָ, וִיהַלְלוּהָ בַשְּׁעָרִים מַעֲשֶׂיהָ:

חסד
זרוע
תפארת
ביצה
גבורה
מרור
נצח
חרוסת
יסוד
כרפס
הוד
חזרת
Nachshon
נחשון
סדר-הקערה

סדר הגדה

המצרכים לקערה:

זרוע כזכר לקרבן פסח, **ביצה** כזכר לקרבן חגיגה, **מרור** לקיום מצוות אכילת המרור, **חרוסת** לטבילת המרור בחרוסת, **כרפס** לטבילה במי מלח, **חזרת** למרור שבאכילת הכורך.

יסדר על שולחנו על גבי קערה שלוש מצות מונחות זו על זו (התחתונה - 'ישראל', עליה 'לוי' ועליה 'כהן'), ועל גבי מפית הפרוסה על שלושתן - מימין: הזרוע וכנגדו הביצה, תחתיהם באמצע המרור ותחת הזרוע החרוסת, וכנגדו תחת הביצה הכרפס ותחת המרור החזרת שעושים כורך:

סדר הקערה וסימני הסדר

קַדֵּשׁ . וּרְחַץ . כַּרְפַּס .
יַחַץ . מַגִּיד . רָחְצָה .
מוֹצִיא . מַצָּה . מָרוֹר .
כּוֹרֵךְ . שֻׁלְחָן עוֹרֵךְ .
צָפוּן . בָּרֵךְ . הַלֵּל .
נִרְצָה:

כשליל הסדר חל בליל שבת אומרים בלחש לפני הקידוש:

מִזְמוֹר לְדָוִד יְיָ רֹעִי לֹא אֶחְסָר: בִּנְאוֹת דֶּשֶׁא יַרְבִּיצֵנִי, עַל־מֵי מְנֻחוֹת יְנַהֲלֵנִי: נַפְשִׁי יְשׁוֹבֵב, יַנְחֵנִי בְמַעְגְּלֵי־צֶדֶק לְמַעַן שְׁמוֹ: גַּם כִּי־אֵלֵךְ בְּגֵיא צַלְמָוֶת לֹא־אִירָא רָע, כִּי־אַתָּה עִמָּדִי, שִׁבְטְךָ וּמִשְׁעַנְתֶּךָ הֵמָּה יְנַחֲמֻנִי: תַּעֲרֹךְ לְפָנַי | שֻׁלְחָן נֶגֶד צֹרְרָי, דִּשַּׁנְתָּ בַשֶּׁמֶן רֹאשִׁי, כּוֹסִי רְוָיָה: אַךְ | טוֹב וָחֶסֶד יִרְדְּפוּנִי כָּל־יְמֵי חַיָּי, וְשַׁבְתִּי בְּבֵית־יְיָ לְאֹרֶךְ יָמִים:

דָּא הִיא סְעוּדָתָא דַּחֲקַל תַּפּוּחִין קַדִּישִׁין:

אַתְקִינוּ סְעוּדָתָא דִּמְהֵימְנוּתָא שְׁלֵמָתָא, חֶדְוָתָא דְּמַלְכָּא קַדִּישָׁא אַתְקִינוּ סְעוּדָתָא דְּמַלְכָּא, דָּא הִיא סְעוּדָתָא דַּחֲקַל תַּפּוּחִין קַדִּישִׁין, וּזְעֵיר אַנְפִּין וְעַתִּיקָא קַדִּישָׁא אַתְיָן לְסַעֲדָא בַּהֲדָהּ:

קידוש

אַתְקִינוּ סְעוּדָתָא דְמַלְכָּא עִלָּאָה דָּא הִיא סְעוּדָתָא דְקוּדְשָׁא בְּרִיךְ הוּא וּשְׁכִינְתֵּיהּ:

קדש

מוזגים את הכוס הראשונה. במשך השנה, ראש המשפחה או עורך הסעודה עושה קידוש וכולם שומעים ממנו, אבל בפסח מכיון שיש חיוב ומצוה לשתות 'ארבע כוסות' ממלאים כולם כוס יין (או מיץ ענבים) וכולם יחד קוראים בעמידה את הקידוש. **שתיית היין בהסיבה.**

כשליל הסדר חל בליל שבת אומרים:

יוֹם הַשִּׁשִּׁי וַיְכֻלּוּ הַשָּׁמַיִם וְהָאָרֶץ וְכָל־צְבָאָם. וַיְכַל אֱלֹהִים בַּיּוֹם הַשְּׁבִיעִי מְלַאכְתּוֹ אֲשֶׁר עָשָׂה, וַיִּשְׁבֹּת בַּיּוֹם הַשְּׁבִיעִי מִכָּל־מְלַאכְתּוֹ אֲשֶׁר עָשָׂה. וַיְבָרֶךְ אֱלֹהִים אֶת־יוֹם הַשְּׁבִיעִי וַיְקַדֵּשׁ אֹתוֹ, כִּי בוֹ שָׁבַת מִכָּל־מְלַאכְתּוֹ, אֲשֶׁר־בָּרָא אֱלֹהִים לַעֲשׂוֹת:

כשחל בחול מתחילין כאן:

סַבְרִי מָרָנָן **בָּרוּךְ אַתָּה יְיָ אֱלֹהֵינוּ מֶלֶךְ הָעוֹלָם בּוֹרֵא פְּרִי הַגָּפֶן:**

בָּרוּךְ אַתָּה יְיָ אֱלֹהֵינוּ מֶלֶךְ הָעוֹלָם, אֲשֶׁר בָּחַר בָּנוּ מִכָּל עָם וְרוֹמְמָנוּ מִכָּל לָשׁוֹן וְקִדְּשָׁנוּ בְּמִצְוֹתָיו. וַתִּתֶּן לָנוּ יְיָ אֱלֹהֵינוּ בְּאַהֲבָה (בשבת: **שַׁבָּתוֹת לִמְנוּחָה וּ**)**מוֹעֲדִים לְשִׂמְחָה, חַגִּים וּזְמַנִּים לְשָׂשׂוֹן, אֶת יוֹם** (בשבת: **הַשַּׁבָּת הַזֶּה וְאֶת יוֹם**) **חַג הַמַּצּוֹת הַזֶּה, וְאֶת יוֹם טוֹב מִקְרָא קֹדֶשׁ הַזֶּה זְמַן חֵרוּתֵנוּ** (בשבת: **בְּאַהֲבָה**)**, מִקְרָא קֹדֶשׁ, זֵכֶר לִיצִיאַת מִצְרָיִם. כִּי בָנוּ בָחַרְתָּ וְאוֹתָנוּ קִדַּשְׁתָּ מִכָּל הָעַמִּים,** (**וְשַׁבָּת**) **וּמוֹעֲדֵי קָדְשֶׁךָ** (בשבת: **בְּאַהֲבָה וּבְרָצוֹן**) **בְּשִׂמְחָה וּבְשָׂשׂוֹן הִנְחַלְתָּנוּ: בָּרוּךְ אַתָּה יְיָ, מְקַדֵּשׁ** (**הַשַּׁבָּת וְ**)**יִשְׂרָאֵל וְהַזְּמַנִּים:**

בָּרוּךְ אַתָּה יְיָ אֱלֹהֵינוּ מֶלֶךְ הָעוֹלָם, שֶׁהֶחֱיָנוּ וְקִיְּמָנוּ וְהִגִּיעָנוּ לִזְמַן הַזֶּה:

במוצאי שבת מקדשים לפי סדר: יין, קידוש, נר, הבדלה, זמן:

בָּרוּךְ אַתָּה יְיָ אֱלֹהֵינוּ מֶלֶךְ הָעוֹלָם, בּוֹרֵא מְאוֹרֵי הָאֵשׁ:

בָּרוּךְ אַתָּה יְיָ אֱלֹהֵינוּ מֶלֶךְ הָעוֹלָם הַמַּבְדִּיל בֵּין קֹדֶשׁ לְחוֹל. בֵּין אוֹר לְחֹשֶׁךְ. בֵּין יִשְׂרָאֵל לָעַמִּים. בֵּין יוֹם הַשְּׁבִיעִי לְשֵׁשֶׁת יְמֵי הַמַּעֲשֶׂה. בֵּין קְדֻשַּׁת שַׁבָּת לִקְדֻשַּׁת יוֹם טוֹב הִבְדַּלְתָּ. וְאֶת יוֹם הַשְּׁבִיעִי מִשֵּׁשֶׁת יְמֵי הַמַּעֲשֶׂה קִדַּשְׁתָּ. הִבְדַּלְתָּ וְקִדַּשְׁתָּ

אַתָּה יְיָ הַמַּבְדִּיל בֵּין קֹדֶשׁ לְקֹדֶשׁ:

ומברך שהחיינו

שותים הכוס בישיבה בהסיבת שמאל
(הטייה אלכסונית של הגוף לצד שמאל)

ורחץ

ישנה הלכה שכאשר אוכלים דבר שטיבולו במשקה, נוטלים ידים לפניו, ומכיון שאנו הולכים לאכול כרפס טבול במי מלח, נוהגים ליטול ידים לפני כן ללא ברכה.

נטילת הידים: לוקחים את הספל ביד ימין וממלאים בו מים, מעבירים ליד שמאל ונוטלים שלוש פעמים על יד ימין ולאחר מכן שלוש פעמים על יד שמאל ומנגבים הידים.

כרפס

הסיבה לאכילת הכרפס היא: אותיות המילה כרפס הן ′ס פרך′, כלומר: ששים ריבוא עבדו בפרך במצרים.

לכרפס יש מנהגים רבים, יש האוכלים בצל, יש האוכלים ירק ששמו כרפס ויש הנוהגים לאכול תפוח־אדמה. נוהגים לטבול את הכרפס במי מלח, בכדי להתמיה את התינוקות וכפי שאכן נראה בהמשך שאחת השאלות במה נשתנה היא מדוע מטבילים הלילה.

נוטל פחות מכזית כרפס ויטבול במי מלח או חומץ ויברך:

בָּרוּךְ אַתָּה יְיָ אֱלֹהֵינוּ מֶלֶךְ הָעוֹלָם, בּוֹרֵא פְּרִי הָאֲדָמָה:

בברכה זו, מכוונים גם על המרור שנאכל בהמשך הסעודה.

יחץ

מגיד

עיקר המצוה של ליל הסדר היא לספר ביציאת מצרים ובכך מתחילה ההגדה – סיפור יציאת מצרים ועל היותנו לעם מאז אברהם אבינו.

מגלים קצת את המצות, מגביהים את הקערה ומזמינים במילים הבאות הנאמרות בארמית את כל מי שירצה לבוא ולהשתתף עמנו בסעודת ליל הסדר:

הֵא לַחְמָא עַנְיָא דִי אֲכָלוּ אַבְהָתָנָא בְּאַרְעָא דְמִצְרָיִם. כֹּל דִכְפִין יֵיתֵי וְיֵיכֹל. כֹּל דִצְרִיךְ יֵיתֵי וְיִפְסַח. הַשַׁתָּא הָכָא. לְשָׁנָה הַבָּאָה בְּאַרְעָא דְיִשְׂרָאֵל. הַשַׁתָּא עַבְדִין לְשָׁנָה הַבָּאָה בְּנֵי חוֹרִין:

[תרגום: זֶהוּ לֶחֶם הָעוֹנִי שֶׁאָכְלוּ אֲבוֹתֵינוּ בְּאֶרֶץ מִצְרָיִם. כָּל הָרוֹצֶה יָבוֹא וְיֹאכַל. כָּל הַצָּרִיךְ יָבוֹא וְיִפְסַח. הַשָּׁנָה כָּאן, לְשָׁנָה הַבָּאָה בְּאֶרֶץ יִשְׂרָאֵל. הַשָּׁנָה עֲבָדִים, לְשָׁנָה הַבָּאָה בְּנֵי חוֹרִין]:

מכסים חזרה את המצות ומסלקים את הקערה לצד אחר. **מוזגים כוס שניה** וכאן הילדים שואלים **מה נשתנה**:

מַה נִּשְׁתַּנָה הַלַּיְלָה הַזֶּה מִכָּל הַלֵּילוֹת. שֶׁבְּכָל הַלֵּילוֹת אֵין אָנוּ מַטְבִּילִין אֲפִילוּ פַּעַם אֶחָת. הַלַּיְלָה הַזֶּה שְׁתֵּי פְעָמִים: שֶׁבְּכָל הַלֵּילוֹת אָנוּ אוֹכְלִין חָמֵץ אוֹ מַצָּה. הַלַּיְלָה הַזֶּה כֻּלּוֹ מַצָּה: שֶׁבְּכָל הַלֵּילוֹת אָנוּ אוֹכְלִין שְׁאָר יְרָקוֹת. הַלַּיְלָה הַזֶּה מָרוֹר: שֶׁבְּכָל הַלֵּילוֹת אָנוּ אוֹכְלִין בֵּין יוֹשְׁבִין וּבֵין מְסֻבִּין הַלַּיְלָה הַזֶּה כֻּלָּנוּ מְסֻבִּין.

מחזירים את הקערה ומגלים שוב קצת מהמצות ואומרים:

עֲבָדִים הָיִינוּ לְפַרְעֹה בְּמִצְרָיִם וַיּוֹצִיאֵנוּ יְיָ אֱלֹהֵינוּ מִשָּׁם בְּיָד חֲזָקָה וּבִזְרוֹעַ נְטוּיָה. וְאִלּוּ לֹא הוֹצִיא הַקָּדוֹשׁ בָּרוּךְ הוּא אֶת אֲבוֹתֵינוּ מִמִּצְרַיִם הֲרֵי אָנוּ וּבָנֵינוּ וּבְנֵי בָנֵינוּ מְשֻׁעְבָּדִים הָיִינוּ לְפַרְעֹה בְּמִצְרָיִם. וַאֲפִילוּ כֻּלָּנוּ חֲכָמִים כֻּלָּנוּ נְבוֹנִים כֻּלָּנוּ יוֹדְעִים אֶת הַתּוֹרָה מִצְוָה עָלֵינוּ לְסַפֵּר בִּיצִיאַת מִצְרָיִם. וְכָל הַמַּרְבֶּה לְסַפֵּר בִּיצִיאַת מִצְרַיִם הֲרֵי זֶה מְשֻׁבָּח:

מַעֲשֶׂה בְּרַבִּי אֱלִיעֶזֶר וְרַבִּי יְהוֹשֻׁעַ וְרַבִּי אֶלְעָזָר בֶּן עֲזַרְיָה וְרַבִּי עֲקִיבָא וְרַבִּי טַרְפוֹן שֶׁהָיוּ מְסֻבִּין בִּבְנֵי בְרַק. וְהָיוּ מְסַפְּרִים בִּיצִיאַת מִצְרַיִם כָּל אוֹתוֹ הַלַּיְלָה עַד שֶׁבָּאוּ תַלְמִידֵיהֶם וְאָמְרוּ לָהֶם רַבּוֹתֵינוּ הִגִּיעַ זְמַן קְרִיאַת שְׁמַע שֶׁל שַׁחֲרִית:

אָמַר רַבִּי אֶלְעָזָר בֶּן עֲזַרְיָה הֲרֵי אֲנִי כְּבֶן שִׁבְעִים שָׁנָה וְלֹא זָכִיתִי שֶׁתֵּאָמֵר יְצִיאַת מִצְרַיִם בַּלֵּילוֹת עַד שֶׁדְּרָשָׁהּ בֶּן זוֹמָא. שֶׁנֶּאֱמַר לְמַעַן תִּזְכֹּר אֶת יוֹם צֵאתְךָ מֵאֶרֶץ מִצְרַיִם כֹּל יְמֵי חַיֶּיךָ. יְמֵי חַיֶּיךָ הַיָּמִים. כֹּל יְמֵי חַיֶּיךָ לְהָבִיא הַלֵּילוֹת. וַחֲכָמִים אוֹמְרִים יְמֵי חַיֶּיךָ הָעוֹלָם הַזֶּה. כֹּל יְמֵי חַיֶּיךָ לְהָבִיא לִימוֹת הַמָּשִׁיחַ:

בָּרוּךְ הַמָּקוֹם. בָּרוּךְ הוּא. בָּרוּךְ שֶׁנָּתַן תּוֹרָה לְעַמּוֹ יִשְׂרָאֵל. בָּרוּךְ הוּא. כְּנֶגֶד אַרְבָּעָה בָנִים דִּבְּרָה תוֹרָה. אֶחָד חָכָם. וְאֶחָד רָשָׁע. וְאֶחָד תָּם. וְאֶחָד שֶׁאֵינוֹ יוֹדֵעַ לִשְׁאוֹל:

חָכָם מַה הוּא אוֹמֵר מָה הָעֵדוֹת וְהַחֻקִּים וְהַמִּשְׁפָּטִים אֲשֶׁר צִוָּה יְיָ אֱלֹהֵינוּ אֶתְכֶם וְאַף אַתָּה אֱמָר לוֹ כְּהִלְכוֹת הַפֶּסַח אֵין מַפְטִירִין אַחַר הַפֶּסַח אֲפִיקוֹמָן:

רָשָׁע מַה הוּא אוֹמֵר מָה הָעֲבֹדָה הַזֹּאת לָכֶם. לָכֶם וְלֹא לוֹ. וּלְפִי שֶׁהוֹצִיא אֶת־עַצְמוֹ מִן הַכְּלָל כָּפַר בְּעִקָּר. וְאַף אַתָּה הַקְהֵה אֶת שִׁנָּיו וֶאֱמֹר לוֹ בַּעֲבוּר זֶה עָשָׂה יְיָ לִי בְּצֵאתִי מִמִּצְרָיִם. לִי וְלֹא לוֹ. אִלּוּ הָיָה שָׁם לֹא הָיָה נִגְאָל:

תָּם מַה הוּא אוֹמֵר מַה זֹּאת. וְאָמַרְתָּ אֵלָיו בְּחֹזֶק יָד הוֹצִיאָנוּ יְיָ מִמִּצְרַיִם מִבֵּית עֲבָדִים.

וְשֶׁאֵינוֹ יוֹדֵעַ לִשְׁאוֹל אַתְּ פְּתַח לוֹ שֶׁנֶּאֱמַר וְהִגַּדְתָּ לְבִנְךָ בַּיּוֹם הַהוּא לֵאמֹר בַּעֲבוּר זֶה עָשָׂה יְיָ לִי בְּצֵאתִי מִמִּצְרָיִם.

יָכוֹל מֵרֹאשׁ חֹדֶשׁ תַּלְמוּד לוֹמַר בַּיּוֹם הַהוּא אִי בַּיּוֹם הַהוּא יָכוֹל
מִבְּעוֹד יוֹם תַּלְמוּד לוֹמַר בַּעֲבוּר זֶה. בַּעֲבוּר זֶה לֹא אָמַרְתִּי
אֶלָּא בְּשָׁעָה שֶׁיֵּשׁ מַצָּה וּמָרוֹר מֻנָּחִים לְפָנֶיךָ:

מִתְּחִלָּה עוֹבְדֵי עֲבוֹדָה זָרָה הָיוּ אֲבוֹתֵינוּ וְעַכְשָׁו קֵרְבָנוּ הַמָּקוֹם
לַעֲבֹדָתוֹ שֶׁנֶּאֱמַר וַיֹּאמֶר יְהוֹשֻׁעַ אֶל כָּל הָעָם כֹּה־אָמַר
יְיָ אֱלֹהֵי יִשְׂרָאֵל בְּעֵבֶר הַנָּהָר יָשְׁבוּ אֲבוֹתֵיכֶם מֵעוֹלָם תֶּרַח אֲבִי
אַבְרָהָם וַאֲבִי נָחוֹר וַיַּעַבְדוּ אֱלֹהִים אֲחֵרִים:

וָאֶקַּח־אֶת אֲבִיכֶם אֶת־אַבְרָהָם מֵעֵבֶר הַנָּהָר וָאוֹלֵךְ אוֹתוֹ בְּכָל
אֶרֶץ כְּנָעַן וָאַרְבֶּה (וָאַרְבֶּ כתיב) אֶת זַרְעוֹ וָאֶתֵּן לוֹ אֶת
יִצְחָק וָאֶתֵּן לְיִצְחָק אֶת־יַעֲקֹב וְאֶת־עֵשָׂו וָאֶתֵּן לְעֵשָׂו אֶת הַר
שֵׂעִיר לָרֶשֶׁת אֹתוֹ וְיַעֲקֹב וּבָנָיו יָרְדוּ מִצְרָיִם:

בָּרוּךְ שׁוֹמֵר הַבְטָחָתוֹ לְיִשְׂרָאֵל. בָּרוּךְ הוּא שֶׁהַקָּדוֹשׁ בָּרוּךְ הוּא
חִשֵּׁב אֶת הַקֵּץ לַעֲשׂוֹת כְּמָה שֶׁאָמַר לְאַבְרָהָם אָבִינוּ בִּבְרִית
בֵּין הַבְּתָרִים. שֶׁנֶּאֱמַר וַיֹּאמֶר לְאַבְרָם יָדֹעַ תֵּדַע כִּי גֵר יִהְיֶה זַרְעֲךָ
בְּאֶרֶץ לֹא לָהֶם וַעֲבָדוּם וְעִנּוּ אֹתָם אַרְבַּע מֵאוֹת שָׁנָה: וְגַם אֶת הַגּוֹי
אֲשֶׁר יַעֲבֹדוּ דָּן אָנֹכִי וְאַחֲרֵי כֵן יֵצְאוּ בִּרְכֻשׁ גָּדוֹל:

מכסים את המצות ומגביהים את הכוס ואומרים:

וְהִיא שֶׁעָמְדָה לַאֲבוֹתֵינוּ וְלָנוּ שֶׁלֹּא אֶחָד בִּלְבַד עָמַד עָלֵינוּ לְכַלּוֹתֵנוּ אֶלָּא שֶׁבְּכָל־דּוֹר וָדוֹר עוֹמְדִים עָלֵינוּ לְכַלּוֹתֵנוּ. וְהַקָּדוֹשׁ בָּרוּךְ הוּא מַצִּילֵנוּ מִיָּדָם:

מניחים את הכוס ומגלים את המצות:

והיא שעמדה
לאבותינו
ולנו, שלא אחד בלבד
עמד עלינו לכלותינו,
אלא שבכל דור ודור
עומדים עלינו לכלותינו
והקדוש ברוך הוא
מצילנו מידם

צֵא וּלְמַד מַה בִּקֵּשׁ לָבָן הָאֲרַמִּי לַעֲשׂוֹת לְיַעֲקֹב אָבִינוּ. שֶׁפַּרְעֹה
לֹא גָזַר אֶלָּא עַל הַזְּכָרִים וְלָבָן בִּקֵּשׁ לַעֲקוֹר אֶת הַכֹּל. שֶׁנֶּאֱמַר
אֲרַמִּי אֹבֵד אָבִי וַיֵּרֶד מִצְרַיְמָה וַיָּגָר שָׁם בִּמְתֵי מְעָט וַיְהִי שָׁם
לְגוֹי גָּדוֹל עָצוּם וָרָב:

וַיֵּרֶד מִצְרַיְמָה אָנוּס עַל פִּי הַדִּבּוּר. וַיָּגָר שָׁם מְלַמֵּד שֶׁלֹּא יָרַד יַעֲקֹב
אָבִינוּ לְהִשְׁתַּקֵּעַ בְּמִצְרַיִם אֶלָּא לָגוּר שָׁם. שֶׁנֶּאֱמַר וַיֹּאמְרוּ
אֶל פַּרְעֹה לָגוּר בָּאָרֶץ בָּאנוּ כִּי אֵין מִרְעֶה לַצֹּאן אֲשֶׁר לַעֲבָדֶיךָ
כִּי כָבֵד הָרָעָב בְּאֶרֶץ כְּנָעַן וְעַתָּה יֵשְׁבוּ נָא עֲבָדֶיךָ בְּאֶרֶץ גֹּשֶׁן:

בִּמְתֵי מְעָט כְּמָה שֶׁנֶּאֱמַר בְּשִׁבְעִים נֶפֶשׁ יָרְדוּ אֲבוֹתֶיךָ מִצְרָיְמָה
וְעַתָּה שָׂמְךָ יְיָ אֱלֹהֶיךָ כְּכוֹכְבֵי הַשָּׁמַיִם לָרֹב: וַיְהִי שָׁם
לְגוֹי מְלַמֵּד שֶׁהָיוּ יִשְׂרָאֵל מְצֻיָּנִים שָׁם: גָּדוֹל עָצוּם כְּמָה
שֶׁנֶּאֱמַר וּבְנֵי יִשְׂרָאֵל פָּרוּ וַיִּשְׁרְצוּ וַיִּרְבּוּ וַיַּעַצְמוּ בִּמְאֹד מְאֹד
וַתִּמָּלֵא הָאָרֶץ אֹתָם: וָרָב כְּמָה שֶׁנֶּאֱמַר וָאֶעֱבֹר עָלַיִךְ וָאֶרְאֵךְ
מִתְבּוֹסֶסֶת בְּדָמָיִךְ וָאֹמַר לָךְ בְּדָמַיִךְ חֲיִי וָאֹמַר לָךְ בְּדָמַיִךְ
חֲיִי: רְבָבָה כְּצֶמַח הַשָּׂדֶה נְתַתִּיךְ וַתִּרְבִּי וַתִּגְדְּלִי וַתָּבֹאִי בַּעֲדִי
עֲדָיִים שָׁדַיִם נָכֹנוּ וּשְׂעָרֵךְ צִמֵּחַ וְאַתְּ עֵרֹם וְעֶרְיָה:

וַיָּרֵעוּ אֹתָנוּ הַמִּצְרִים וַיְעַנּוּנוּ, וַיִּתְּנוּ עָלֵינוּ עֲבֹדָה קָשָׁה: וַיָּרֵעוּ
אֹתָנוּ הַמִּצְרִים כְּמָה שֶׁנֶּאֱמַר הָבָה נִתְחַכְּמָה לוֹ פֶּן יִרְבֶּה
וְהָיָה כִּי תִקְרֶאנָה מִלְחָמָה וְנוֹסַף גַּם הוּא עַל שֹׂנְאֵינוּ וְנִלְחַם בָּנוּ
וְעָלָה מִן הָאָרֶץ: וַיְעַנּוּנוּ כְּמָה שֶׁנֶּאֱמַר וַיָּשִׂימוּ עָלָיו שָׂרֵי מִסִּים
לְמַעַן עַנֹּתוֹ בְּסִבְלֹתָם וַיִּבֶן עָרֵי מִסְכְּנוֹת לְפַרְעֹה אֶת־פִּתֹם וְאֶת־
רַעַמְסֵס: וַיִּתְּנוּ עָלֵינוּ עֲבֹדָה קָשָׁה כְּמָה שֶׁנֶּאֱמַר וַיַּעֲבִדוּ מִצְרַיִם
אֶת בְּנֵי יִשְׂרָאֵל בְּפָרֶךְ: וַיְמָרְרוּ אֶת־חַיֵּיהֶם בַּעֲבֹדָה קָשָׁה בְּחֹמֶר
וּבִלְבֵנִים וּבְכָל־עֲבֹדָה בַּשָּׂדֶה אֵת כָּל־עֲבֹדָתָם אֲשֶׁר עָבְדוּ בָהֶם
בְּפָרֶךְ:

וַנִּצְעַק אֶל יְיָ אֱלֹהֵי אֲבֹתֵינוּ, וַיִּשְׁמַע יְיָ אֶת קֹלֵנוּ וַיַּרְא אֶת
עָנְיֵנוּ וְאֶת עֲמָלֵנוּ וְאֶת לַחֲצֵנוּ: וַנִּצְעַק אֶל יְיָ אֱלֹהֵי
אֲבֹתֵינוּ כְּמָה שֶׁנֶּאֱמַר וַיְהִי בַיָּמִים הָרַבִּים הָהֵם וַיָּמָת מֶלֶךְ
מִצְרַיִם וַיֵּאָנְחוּ בְנֵי יִשְׂרָאֵל מִן הָעֲבוֹדָה וַיִּזְעָקוּ וַתַּעַל שַׁוְעָתָם
אֶל הָאֱלֹהִים מִן הָעֲבֹדָה:

וַיִּשְׁמַע יְיָ אֶת־קֹלֵנוּ כְּמָה שֶׁנֶּאֱמַר וַיִּשְׁמַע אֱלֹהִים אֶת נַאֲקָתָם וַיִּזְכּוֹר אֱלֹהִים אֶת־בְּרִיתוֹ אֶת־אַבְרָהָם אֶת־יִצְחָק וְאֶת־יַעֲקֹב:

וַיַּרְא אֶת עָנְיֵנוּ זוֹ פְּרִישׁוּת דֶּרֶךְ אֶרֶץ כְּמָה שֶׁנֶּאֱמַר וַיַּרְא אֱלֹהִים אֶת בְּנֵי יִשְׂרָאֵל וַיֵּדַע אֱלֹהִים:

וְאֶת עֲמָלֵנוּ אֵלּוּ הַבָּנִים כְּמָה שֶׁנֶּאֱמַר כָּל הַבֵּן הַיִּלּוֹד הַיְאֹרָה תַּשְׁלִיכוּהוּ וְכָל הַבַּת תְּחַיּוּן: וְאֶת לַחֲצֵנוּ זֶה הַדְּחַק כְּמָה שֶׁנֶּאֱמַר וְגַם רָאִיתִי אֶת הַלַּחַץ אֲשֶׁר מִצְרַיִם לֹחֲצִים אֹתָם:

וַיּוֹצִאֵנוּ יְיָ מִמִּצְרַיִם בְּיָד חֲזָקָה וּבִזְרֹעַ נְטוּיָה וּבְמֹרָא גָּדֹל וּבְאֹתוֹת וּבְמֹפְתִים: וַיּוֹצִאֵנוּ יְיָ מִמִּצְרַיִם לֹא עַל יְדֵי מַלְאָךְ וְלֹא עַל יְדֵי שָׂרָף וְלֹא עַל יְדֵי שָׁלִיחַ אֶלָּא הַקָּדוֹשׁ בָּרוּךְ הוּא בִּכְבוֹדוֹ וּבְעַצְמוֹ. שֶׁנֶּאֱמַר וְעָבַרְתִּי בְאֶרֶץ מִצְרַיִם בַּלַּיְלָה הַזֶּה וְהִכֵּיתִי כָל בְּכוֹר בְּאֶרֶץ מִצְרַיִם מֵאָדָם וְעַד בְּהֵמָה וּבְכָל אֱלֹהֵי מִצְרַיִם אֶעֱשֶׂה שְׁפָטִים אֲנִי יְיָ: וְעָבַרְתִּי בְאֶרֶץ מִצְרַיִם בַּלַּיְלָה הַזֶּה אֲנִי וְלֹא מַלְאָךְ. וְהִכֵּיתִי כָל בְּכוֹר בְּאֶרֶץ מִצְרַיִם אֲנִי וְלֹא שָׂרָף. וּבְכָל אֱלֹהֵי מִצְרַיִם אֶעֱשֶׂה שְׁפָטִים אֲנִי וְלֹא הַשָּׁלִיחַ. אֲנִי יְיָ. אֲנִי הוּא וְלֹא אַחֵר:

בְּיָד חֲזָקָה זֶה הַדֶּבֶר כְּמָה שֶׁנֶּאֱמַר הִנֵּה יַד יְיָ הוֹיָה בְּמִקְנְךָ אֲשֶׁר בַּשָּׂדֶה בַּסּוּסִים בַּחֲמֹרִים בַּגְּמַלִּים בַּבָּקָר וּבַצֹּאן דֶּבֶר כָּבֵד מְאֹד: וּבִזְרֹעַ נְטוּיָה זוֹ הַחֶרֶב כְּמָה שֶׁנֶּאֱמַר וְחַרְבּוֹ שְׁלוּפָה בְּיָדוֹ נְטוּיָה עַל יְרוּשָׁלָיִם. וּבְמוֹרָא גָּדֹל זֶה גִּלּוּי שְׁכִינָה כְּמָה שֶׁנֶּאֱמַר אוֹ הֲנִסָּה אֱלֹהִים לָבוֹא לָקַחַת לוֹ גוֹי מִקֶּרֶב גּוֹי בְּמַסֹּת בְּאֹתֹת וּבְמוֹפְתִים וּבְמִלְחָמָה וּבְיָד חֲזָקָה וּבִזְרוֹעַ נְטוּיָה וּבְמוֹרָאִים גְּדֹלִים כְּכֹל אֲשֶׁר עָשָׂה לָכֶם יְיָ אֱלֹהֵיכֶם בְּמִצְרַיִם לְעֵינֶיךָ: וּבְאֹתוֹת זֶה הַמַּטֶּה כְּמָה שֶׁנֶּאֱמַר וְאֶת הַמַּטֶּה הַזֶּה תִּקַּח בְּיָדֶךָ אֲשֶׁר תַּעֲשֶׂה בּוֹ אֶת הָאֹתֹת: וּבְמֹפְתִים זֶה הַדָּם כְּמָה שֶׁנֶּאֱמַר וְנָתַתִּי מוֹפְתִים בַּשָּׁמַיִם וּבָאָרֶץ:

בעת אמירת דם ואש ותמרות עשן, שופכים מהגביע שלושה טפטופים לתוך כלי שבור (ויכוון שהכוס הוא סוד המלכות ושופך מהיין שבתוכו סוד האף והזעם שבה על־ידי כח הבינה לתוך כלי שבור סוד הקליפה שנקראת ארור):

דָּם וָאֵשׁ וְתִימְרוֹת עָשָׁן:

דָּבָר אַחֵר בְּיָד חֲזָקָה שְׁתַּיִם. וּבִזְרֹעַ נְטוּיָה שְׁתַּיִם. וּבְמֹרָא גָּדֹל שְׁתַּיִם. וּבְאֹתוֹת שְׁתַּיִם. וּבְמֹפְתִים שְׁתַּיִם:

אֵלּוּ עֶשֶׂר מַכּוֹת שֶׁהֵבִיא הַקָּדוֹשׁ בָּרוּךְ הוּא עַל הַמִּצְרִים בְּמִצְרַיִם. וְאֵלּוּ הֵן:

באמירת עשר מכות ישפוך עוד עשר שפיכות מהכוס עצמו (ויכוון בשפיכה גם כן כנזכר לעיל) ומה שנשאר בכוס (נעשה סוד יין המשמח) לכך לא ישפוך אלא יוסיף יין:

דָּם. צְפַרְדֵּעַ. כִּנִּים. עָרוֹב. דֶּבֶר. שְׁחִין. בָּרָד. אַרְבֶּה. חֹשֶׁךְ. מַכַּת בְּכוֹרוֹת:

רַבִּי יְהוּדָה הָיָה נוֹתֵן בָּהֶם סִמָּנִים:

גם כאן שופכים שלוש שפיכות:

דְּצַ"ךְ. עֲדַ"שׁ. בְּאַחַ"ב:

רַבִּי יוֹסֵי הַגְּלִילִי אוֹמֵר: מִנַּיִן אַתָּה אוֹמֵר שֶׁלָּקוּ הַמִּצְרִים בְּמִצְרַיִם עֶשֶׂר מַכּוֹת וְעַל הַיָּם לָקוּ חֲמִשִּׁים מַכּוֹת. בְּמִצְרַיִם מַה הוּא אוֹמֵר וַיֹּאמְרוּ הַחַרְטֻמִּים אֶל פַּרְעֹה אֶצְבַּע אֱלֹהִים הִוא. וְעַל הַיָּם מַה הוּא אוֹמֵר וַיַּרְא יִשְׂרָאֵל אֶת הַיָּד הַגְּדֹלָה אֲשֶׁר עָשָׂה יְיָ בְּמִצְרַיִם וַיִּירְאוּ הָעָם אֶת יְיָ וַיַּאֲמִינוּ בַּייָ וּבְמֹשֶׁה עַבְדּוֹ: כַּמָּה לָקוּ בְאֶצְבַּע עֶשֶׂר מַכּוֹת. אֱמוֹר מֵעַתָּה בְּמִצְרַיִם לָקוּ עֶשֶׂר מַכּוֹת. וְעַל הַיָּם לָקוּ חֲמִשִּׁים מַכּוֹת:

רַבִּי אֱלִיעֶזֶר אוֹמֵר מִנַּיִן שֶׁכָּל מַכָּה וּמַכָּה שֶׁהֵבִיא הַקָּדוֹשׁ בָּרוּךְ הוּא עַל הַמִּצְרִים בְּמִצְרַיִם הָיְתָה שֶׁל אַרְבַּע מַכּוֹת שֶׁנֶּאֱמַר יְשַׁלַּח בָּם חֲרוֹן אַפּוֹ עֶבְרָה וָזַעַם וְצָרָה מִשְׁלַחַת מַלְאֲכֵי רָעִים: עֶבְרָה אַחַת. וָזַעַם שְׁתַּיִם. וְצָרָה שָׁלֹשׁ. מִשְׁלַחַת מַלְאֲכֵי רָעִים אַרְבַּע. אֱמוֹר מֵעַתָּה בְּמִצְרַיִם לָקוּ אַרְבָּעִים מַכּוֹת וְעַל הַיָּם לָקוּ מָאתַיִם מַכּוֹת:

רַבִּי עֲקִיבָא אוֹמֵר: מִנַּיִן שֶׁכָּל מַכָּה וּמַכָּה שֶׁהֵבִיא הַקָּדוֹשׁ בָּרוּךְ הוּא עַל הַמִּצְרִים בְּמִצְרַיִם הָיְתָה שֶׁל חָמֵשׁ מַכּוֹת. שֶׁנֶּאֱמַר יְשַׁלַּח בָּם חֲרוֹן אַפּוֹ עֶבְרָה וָזַעַם וְצָרָה מִשְׁלַחַת מַלְאֲכֵי רָעִים. חֲרוֹן אַפּוֹ אַחַת. עֶבְרָה שְׁתַּיִם. וָזַעַם שָׁלֹשׁ. וְצָרָה אַרְבַּע. מִשְׁלַחַת מַלְאֲכֵי רָעִים חָמֵשׁ. אֱמוֹר מֵעַתָּה בְּמִצְרַיִם לָקוּ חֲמִשִּׁים מַכּוֹת וְעַל הַיָּם לָקוּ חֲמִשִּׁים וּמָאתַיִם מַכּוֹת:

כַּמָּה מַעֲלוֹת טוֹבוֹת לַמָּקוֹם עָלֵינוּ:

Nachshon. 2018

אִלּוּ הוֹצִיאָנוּ מִמִּצְרַיִם וְלֹא עָשָׂה בָהֶם שְׁפָטִים דַּיֵּנוּ:
אִלּוּ עָשָׂה בָהֶם שְׁפָטִים ולֹא עָשָׂה בֵאלֹהֵיהֶם דַּיֵּנוּ:
אִלּוּ עָשָׂה בֵאלֹהֵיהֶם וְלֹא הָרַג אֶת בְּכוֹרֵיהֶם דַּיֵּנוּ:
אִלּוּ הָרַג אֶת־בְּכוֹרֵיהֶם וְלֹא נָתַן לָנוּ אֶת מָמוֹנָם דַּיֵּנוּ:
אִלּוּ נָתַן לָנוּ אֶת מָמוֹנָם וְלֹא קָרַע לָנוּ אֶת הַיָּם דַּיֵּנוּ:
אִלּוּ קָרַע לָנוּ אֶת הַיָּם וְלֹא הֶעֱבִירָנוּ בְּתוֹכוֹ בֶּחָרָבָה דַּיֵּנוּ:
אִלּוּ הֶעֱבִירָנוּ בְּתוֹכוֹ בֶּחָרָבָה וְלֹא שִׁקַּע צָרֵינוּ בְּתוֹכוֹ דַּיֵּנוּ:
אִלּוּ שִׁקַּע צָרֵינוּ בְּתוֹכוֹ וְלֹא סִפֵּק צָרְכֵּנוּ בַּמִּדְבָּר אַרְבָּעִים שָׁנָה דַּיֵּנוּ:
אִלּוּ סִפֵּק צָרְכֵּנוּ בַּמִּדְבָּר אַרְבָּעִים שָׁנָה וְלֹא הֶאֱכִילָנוּ אֶת הַמָּן דַּיֵּנוּ:
אִלּוּ הֶאֱכִילָנוּ אֶת־הַמָּן וְלֹא נָתַן לָנוּ אֶת הַשַּׁבָּת דַּיֵּנוּ:
אִלּוּ נָתַן לָנוּ אֶת הַשַּׁבָּת וְלֹא קֵרְבָנוּ לִפְנֵי הַר סִינַי דַּיֵּנוּ:
אִלּוּ קֵרְבָנוּ לִפְנֵי הַר־סִינַי, וְלֹא נָתַן לָנוּ אֶת הַתּוֹרָה דַּיֵּנוּ:
אִלּוּ נָתַן לָנוּ אֶת־הַתּוֹרָה וְלֹא הִכְנִיסָנוּ לְאֶרֶץ יִשְׂרָאֵל דַּיֵּנוּ:
אִלּוּ הִכְנִיסָנוּ לְאֶרֶץ יִשְׂרָאֵל וְלֹא בָנָה לָנוּ אֶת בֵּית הַבְּחִירָה דַּיֵּנוּ:

עַל אַחַת כַּמָּה וְכַמָּה טוֹבָה כְפוּלָה וּמְכֻפֶּלֶת לַמָּקוֹם עָלֵינוּ. שֶׁהוֹצִיאָנוּ מִמִּצְרַיִם. וְעָשָׂה בָהֶם שְׁפָטִים. וְעָשָׂה בֵאלֹהֵיהֶם. וְהָרַג אֶת בְּכוֹרֵיהֶם. וְנָתַן לָנוּ אֶת מָמוֹנָם. וְקָרַע לָנוּ אֶת הַיָּם. וְהֶעֱבִירָנוּ בְתוֹכוֹ בֶּחָרָבָה. וְשִׁקַּע צָרֵינוּ בְּתוֹכוֹ. וְסִפֵּק צָרְכֵּנוּ בַּמִּדְבָּר אַרְבָּעִים שָׁנָה. וְהֶאֱכִילָנוּ אֶת הַמָּן. וְנָתַן לָנוּ אֶת הַשַּׁבָּת. וְקֵרְבָנוּ לִפְנֵי הַר סִינַי. וְנָתַן לָנוּ אֶת הַתּוֹרָה. וְהִכְנִיסָנוּ לְאֶרֶץ יִשְׂרָאֵל. וּבָנָה לָנוּ אֶת בֵּית הַבְּחִירָה לְכַפֵּר עַל כָּל עֲוֹנוֹתֵינוּ:

רַבָּן גַּמְלִיאֵל הָיָה אוֹמֵר כָּל־שֶׁלֹּא אָמַר שְׁלשָׁה דְבָרִים אֵלּוּ בַּפֶּסַח לֹא יָצָא יְדֵי חוֹבָתוֹ. וְאֵלּוּ הֵן: פֶּסַח. מַצָּה. וּמָרוֹר:

פֶּסַח שֶׁהָיוּ אֲבוֹתֵינוּ אוֹכְלִים בִּזְמַן שֶׁבֵּית הַמִּקְדָּשׁ קַיָּם עַל שׁוּם מָה. עַל שׁוּם שֶׁפָּסַח הַמָּקוֹם עַל בָּתֵּי אֲבוֹתֵינוּ בְּמִצְרָיִם. שֶׁנֶּאֱמַר וַאֲמַרְתֶּם זֶבַח פֶּסַח הוּא לַייָ אֲשֶׁר פָּסַח עַל־בָּתֵּי בְנֵי יִשְׂרָאֵל בְּמִצְרַיִם בְּנָגְפּוֹ אֶת־מִצְרַיִם וְאֶת בָּתֵּינוּ הִצִּיל וַיִּקֹּד הָעָם וַיִּשְׁתַּחֲווּ:

פסח
מצה
ARBEIT MACHT FREI

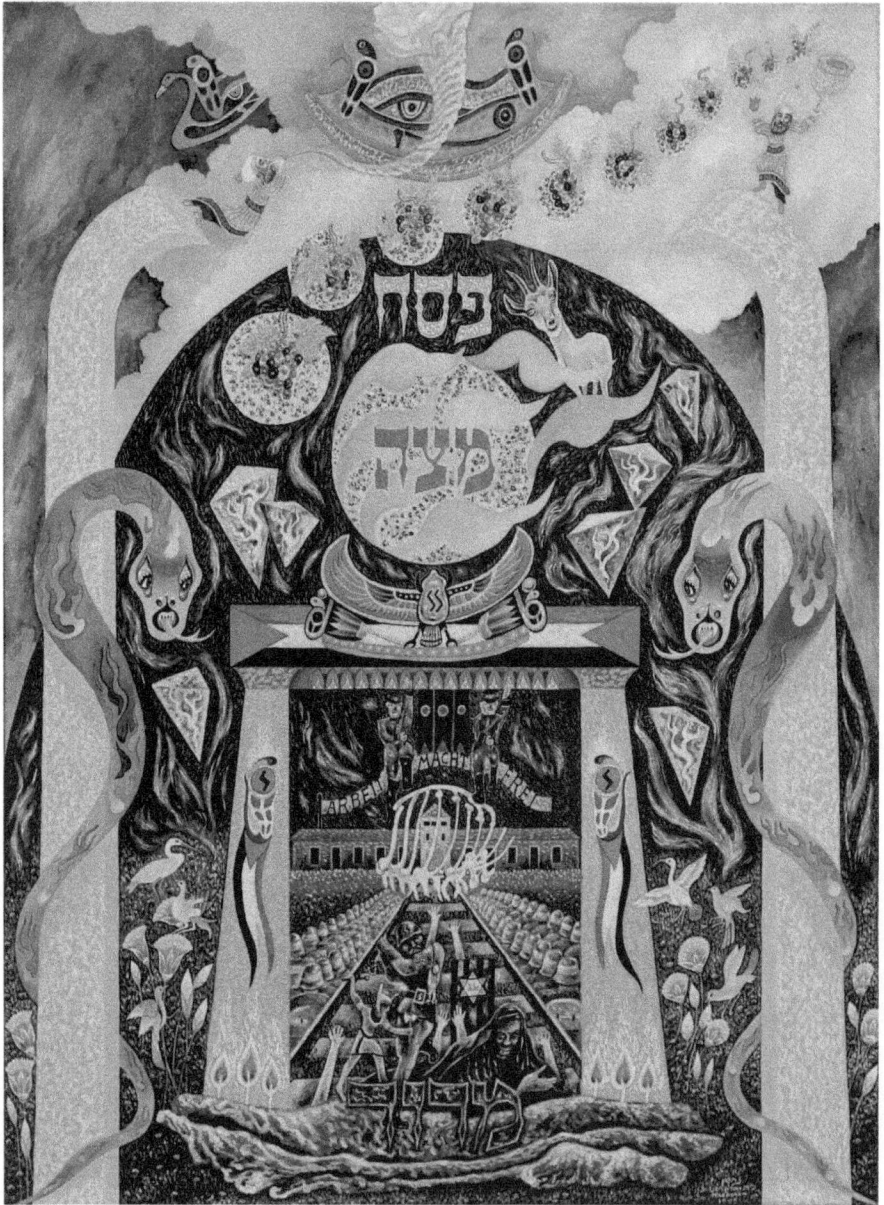

אוחזים את המצה החצויה (שנפרסה) ואומרים:

מַצָּה זוֹ שֶׁאָנוּ אוֹכְלִים עַל שׁוּם מָה. עַל שׁוּם שֶׁלֹּא הִסְפִּיק
בְּצֵקָת שֶׁל אֲבוֹתֵינוּ לְהַחֲמִיץ עַד שֶׁנִּגְלָה עֲלֵיהֶם מֶלֶךְ
מַלְכֵי הַמְּלָכִים הַקָּדוֹשׁ בָּרוּךְ הוּא וּגְאָלָם. שֶׁנֶּאֱמַר וַיֹּאפוּ
אֶת הַבָּצֵק אֲשֶׁר הוֹצִיאוּ מִמִּצְרַיִם עֻגֹת מַצּוֹת כִּי לֹא חָמֵץ
כִּי גֹרְשׁוּ מִמִּצְרַיִם וְלֹא יָכְלוּ לְהִתְמַהְמֵהַּ וְגַם צֵדָה לֹא עָשׂוּ
לָהֶם:

אוחזים במרור אשר באמצע הקערה ואומרים:

מָרוֹר זֶה שֶׁאָנוּ אוֹכְלִים עַל שׁוּם מָה. עַל שׁוּם שֶׁמֵּרְרוּ
הַמִּצְרִים אֶת־חַיֵּי אֲבוֹתֵינוּ בְּמִצְרָיִם. שֶׁנֶּאֱמַר וַיְמָרְרוּ
אֶת־חַיֵּיהֶם בַּעֲבֹדָה קָשָׁה בְּחֹמֶר וּבִלְבֵנִים וּבְכָל־עֲבֹדָה
בַּשָּׂדֶה אֵת כָּל־עֲבֹדָתָם אֲשֶׁר עָבְדוּ בָהֶם בְּפָרֶךְ:

בְּכָל־דּוֹר וָדוֹר חַיָּב אָדָם לִרְאוֹת אֶת־עַצְמוֹ כְּאִלּוּ הוּא יָצָא
מִמִּצְרָיִם. שֶׁנֶּאֱמַר וְהִגַּדְתָּ לְבִנְךָ בַּיּוֹם הַהוּא לֵאמֹר בַּעֲבוּר
זֶה עָשָׂה יְיָ לִי בְּצֵאתִי מִמִּצְרָיִם: לֹא אֶת־אֲבוֹתֵינוּ בִּלְבַד גָּאַל
הַקָּדוֹשׁ בָּרוּךְ הוּא מִמִּצְרַיִם אֶלָּא אַף אוֹתָנוּ גָּאַל עִמָּהֶם.
שֶׁנֶּאֱמַר וְאוֹתָנוּ הוֹצִיא מִשָּׁם לְמַעַן הָבִיא אֹתָנוּ לָתֶת לָנוּ אֶת־
הָאָרֶץ אֲשֶׁר נִשְׁבַּע לַאֲבוֹתֵינוּ:

מכסים את המצות, מגביהים את הכוס עד סיום ברכת אשר גאלנו (המסתיימת במילים
"גאל ישראל"):

לְפִיכָךְ אֲנַחְנוּ חַיָּבִים לְהוֹדוֹת לְהַלֵּל לְשַׁבֵּחַ לְפָאֵר לְרוֹמֵם לְהַדֵּר
לְבָרֵךְ לְעַלֵּה וּלְקַלֵּס. לְמִי שֶׁעָשָׂה לַאֲבוֹתֵינוּ וְלָנוּ אֶת כָּל
הַנִּסִּים הָאֵלוּ. הוֹצִיאָנוּ מֵעַבְדוּת לְחֵרוּת. מִיָּגוֹן לְשִׂמְחָה.
וּמֵאֵבֶל לְיוֹם טוֹב. וּמֵאֲפֵלָה לְאוֹר גָּדוֹל. וּמִשִּׁעְבּוּד לִגְאֻלָּה.
וְנֹאמַר לְפָנָיו הַלְלוּיָהּ:

א הַלְלוּיָהּ | הַלְלוּ עַבְדֵי יְיָ הַלְלוּ אֶת שֵׁם יְיָ: ב יְהִי שֵׁם
יְיָ מְבֹרָךְ מֵעַתָּה וְעַד עוֹלָם: ג מִמִּזְרַח שֶׁמֶשׁ
עַד מְבוֹאוֹ מְהֻלָּל שֵׁם יְיָ: ד רָם עַל כָּל גּוֹיִם יְיָ עַל
הַשָּׁמַיִם כְּבוֹדוֹ: ה מִי כַּיְיָ אֱלֹהֵינוּ הַמַּגְבִּיהִי לָשָׁבֶת:
ו הַמַּשְׁפִּילִי לִרְאוֹת בַּשָּׁמַיִם וּבָאָרֶץ: ז מְקִימִי מֵעָפָר דָּל
מֵאַשְׁפֹּת יָרִים אֶבְיוֹן: ח לְהוֹשִׁיבִי עִם נְדִיבִים עִם נְדִיבֵי
עַמּוֹ: ט מוֹשִׁיבִי | עֲקֶרֶת הַבַּיִת אֵם הַבָּנִים שְׂמֵחָה הַלְלוּיָהּ:

Nachshan. 2017

א בְּצֵאת יִשְׂרָאֵל מִמִּצְרָיִם בֵּית יַעֲקֹב מֵעַם לֹעֵז: ב הָיְתָה
יְהוּדָה לְקָדְשׁוֹ יִשְׂרָאֵל מַמְשְׁלוֹתָיו: ג הַיָּם רָאָה
וַיָּנֹס הַיַּרְדֵּן יִסֹּב לְאָחוֹר: ד הֶהָרִים רָקְדוּ כְאֵילִים גְּבָעוֹת
כִּבְנֵי צֹאן: ה מַה לְּךָ הַיָּם כִּי תָנוּס הַיַּרְדֵּן תִּסֹּב לְאָחוֹר: ו
הֶהָרִים תִּרְקְדוּ כְאֵילִים גְּבָעוֹת כִּבְנֵי צֹאן: ז מִלִּפְנֵי אָדוֹן
חוּלִי אָרֶץ מִלִּפְנֵי אֱלוֹהַּ יַעֲקֹב: ח הַהֹפְכִי הַצּוּר אֲגַם מָיִם
חַלָּמִישׁ לְמַעְיְנוֹ מָיִם:

בָּרוּךְ אַתָּה יְיָ אֱלֹהֵינוּ מֶלֶךְ הָעוֹלָם אֲשֶׁר גְּאָלָנוּ וְגָאַל אֶת אֲבוֹתֵינוּ מִמִּצְרַיִם וְהִגִּיעָנוּ הַלַּיְלָה הַזֶּה לֶאֱכָל־בּוֹ מַצָּה וּמָרוֹר. כֵּן יְיָ אֱלֹהֵינוּ וֵאלֹהֵי אֲבוֹתֵינוּ יַגִּיעֵנוּ לְמוֹעֲדִים וְלִרְגָלִים אֲחֵרִים הַבָּאִים לִקְרָאתֵנוּ לְשָׁלוֹם שְׂמֵחִים בְּבִנְיַן עִירֶךָ וְשָׂשִׂים בַּעֲבוֹדָתֶךָ וְנֹאכַל שָׁם מִן הַזְּבָחִים וּמִן הַפְּסָחִים (במוצאי שבת: מִן הַפְּסָחִים וּמִן הַזְּבָחִים) אֲשֶׁר יַגִּיעַ דָּמָם עַל קִיר מִזְבַּחֲךָ לְרָצוֹן וְנוֹדֶה לְּךָ שִׁיר חָדָשׁ עַל גְּאֻלָּתֵנוּ וְעַל פְּדוּת נַפְשֵׁנוּ: בָּרוּךְ אַתָּה יְיָ גָּאַל יִשְׂרָאֵל:

מברכים ושותים בהסיבה:

בָּרוּךְ אַתָּה יְיָ אֱלֹהֵינוּ מֶלֶךְ הָעוֹלָם בּוֹרֵא פְּרִי הַגָּפֶן:

רחצה

נוטלים ידים ומברכים:

בָּרוּךְ אַתָּה יְיָ אֱלֹהֵינוּ מֶלֶךְ הָעוֹלָם, אֲשֶׁר קִדְּשָׁנוּ בְּמִצְוֹתָיו וְצִוָּנוּ עַל נְטִילַת יָדָיִם:

מוציא

אוחזים בכל שלשת המצות שעל הקערה כסדר הנחתם – הפרוסה בין שתי השלימות ומברכים:

בסדר ציבורי שאין לכל אחד קערת הסדר, נוטלים חתיכת מצה ביד ומברכים:

בָּרוּךְ אַתָּה יְיָ אֱלֹהֵינוּ מֶלֶךְ הָעוֹלָם הַמּוֹצִיא לֶחֶם מִן הָאָרֶץ:

מצה

ולא בוצעים מהן, אלא מניחים את המצה השלישית (התחתונה) להשמט מן היד, ומברכים על הפרוסה (החצויה) עם העליונה טרם שבירתן. מכוונים במחשבה לפטור גם־כן אכילת הכריכה שממצה השלישית וגם את אכילת האפיקומן בברכה זו:

בסדר ציבורי שאין לכל אחד קערת הסדר, אוחזים בחתיכת המצה ומברכים:

בָּרוּךְ אַתָּה יְיָ אֱלֹהֵינוּ מֶלֶךְ הָעוֹלָם אֲשֶׁר קִדְּשָׁנוּ בְּמִצְוֹתָיו וְצִוָּנוּ עַל אֲכִילַת מַצָּה:

אחר כך בוצעים כזית (שיעור מדת 'כזית': כשליש מצת־יד) מכל אחת משתיהן (מהעליונה ומהחצויה) ואוכלים יחד ובהסיבה:

מרור

לוקחים כזית מרור, וטובלים בחרוסת, מנערים את החרוסת מעל המרור כדי שלא יתבטל טעם המרירות, ומברכים ברכה זו:

בָּרוּךְ אַתָּה יְיָ אֱלֹהֵינוּ מֶלֶךְ הָעוֹלָם אֲשֶׁר קִדְּשָׁנוּ בְּמִצְוֹתָיו וְצִוָּנוּ עַל אֲכִילַת מָרוֹר:

אוכלים בלא הסיבה:

כורך

לוקחים מצה השלישית התחתונה, וחזרת (המרור בתחתית הקערה) עמה כשיעור כזית, טובלים בחרוסת, כורכים יחד (מצה מעל ומצה מתחת), ואומרים:

כֵּן עָשָׂה הִלֵּל בִּזְמַן שֶׁבֵּית הַמִּקְדָּשׁ הָיָה קַיָּם הָיָה כּוֹרֵךְ פֶּסַח מַצָּה וּמָרוֹר וְאוֹכֵל בְּיַחַד. כְּמוֹ שֶׁנֶּאֱמַר עַל מַצּוֹת וּמְרֹרִים יֹאכְלֻהוּ:

אוכלם ביחד [ובהסיבה]:

שולחן עורך

אוכלים ושותים את סעודת החג. אפשר לשתות יין בין כוס שניה לשלישית.

צָפוּן

בסיום הסעודה אוכל כל אחד כזית מהאפיקומן כדי שישאר טעם המצות. אם לא מספיקה
מצת עורך הסדר, ניתן להוסיף ממצות אחרות. את ה'אפיקומן' אוכלים בהסיבה:

בָּרֵךְ

מוזגים כוס שלישית ומברכים ברכת המזון:

שִׁיר הַמַּעֲלוֹת בְּשׁוּב יְיָ אֶת־שִׁיבַת צִיּוֹן הָיִינוּ כְּחֹלְמִים: אָז יִמָּלֵא
שְׂחוֹק פִּינוּ וּלְשׁוֹנֵנוּ רִנָּה, אָז יֹאמְרוּ בַגּוֹיִם, הִגְדִּיל יְיָ לַעֲשׂוֹת
עִם־אֵלֶּה: הִגְדִּיל יְיָ לַעֲשׂוֹת עִמָּנוּ הָיִינוּ שְׂמֵחִים: שׁוּבָה יְיָ אֶת־שְׁבִיתֵנוּ
כַּאֲפִיקִים בַּנֶּגֶב: הַזֹּרְעִים בְּדִמְעָה בְּרִנָּה יִקְצֹרוּ: הָלוֹךְ יֵלֵךְ | וּבָכֹה נֹשֵׂא
מֶשֶׁךְ־הַזָּרַע, בֹּא־יָבֹא בְרִנָּה נֹשֵׂא אֲלֻמֹּתָיו:

לִבְנֵי־קֹרַח מִזְמוֹר שִׁיר יְסוּדָתוֹ בְּהַרְרֵי־קֹדֶשׁ: אֹהֵב יְיָ שַׁעֲרֵי צִיּוֹן,
מִכֹּל מִשְׁכְּנוֹת יַעֲקֹב: נִכְבָּדוֹת מְדֻבָּר בָּךְ, עִיר הָאֱלֹהִים סֶלָה:
אַזְכִּיר | רַהַב וּבָבֶל לְיֹדְעָי, הִנֵּה פְלֶשֶׁת וְצוֹר עִם־כּוּשׁ זֶה יֻלַּד־שָׁם:
וּלְצִיּוֹן | יֵאָמַר אִישׁ וְאִישׁ יֻלַּד־בָּהּ, וְהוּא יְכוֹנְנֶהָ עֶלְיוֹן: יְיָ יִסְפֹּר בִּכְתוֹב
עַמִּים, זֶה יֻלַּד־שָׁם סֶלָה: וְשָׁרִים כְּחֹלְלִים כֹּל מַעְיָנַי בָּךְ:

אֲבָרְכָה אֶת־יְיָ בְּכָל־עֵת תָּמִיד תְּהִלָּתוֹ בְּפִי: סוֹף דָּבָר הַכֹּל נִשְׁמָע
אֶת־הָאֱלֹהִים יְרָא וְאֶת־מִצְוֹתָיו שְׁמוֹר כִּי־זֶה כָּל־הָאָדָם:
תְּהִלַּת יְיָ יְדַבֶּר פִּי וִיבָרֵךְ כָּל־בָּשָׂר שֵׁם קָדְשׁוֹ לְעוֹלָם וָעֶד: וַאֲנַחְנוּ |
נְבָרֵךְ יָהּ מֵעַתָּה וְעַד־עוֹלָם הַלְלוּיָהּ:

קוֹדֶם מים אחרונים אומרים: זֶה | חֵלֶק־אָדָם רָשָׁע מֵאֱלֹהִים וְנַחֲלַת אִמְרוֹ מֵאֵל:
שוטפים קצות האצבעות במים (מים אחרונים) ואומרים:
וַיְדַבֵּר אֵלַי זֶה הַשֻּׁלְחָן אֲשֶׁר לִפְנֵי יְיָ:

כשמברכים שלושה יחד או יותר עורכים 'זימון'. המזמן אומר:
רַבּוֹתַי נְבָרֵךְ:
ועונים המסובים: יְהִי שֵׁם יְיָ מְבֹרָךְ מֵעַתָּה וְעַד־עוֹלָם:
המזמן חוזר: יְהִי שֵׁם יְיָ מְבֹרָךְ מֵעַתָּה וְעַד־עוֹלָם:
בשלושה עד עשרה אומר המזמן:
בִּרְשׁוּת מָרָנָן וְרַבָּנָן וְרַבּוֹתַי נְבָרֵךְ שֶׁאָכַלְנוּ מִשֶּׁלּוֹ:
ועונים המסובים (והמברך): בָּרוּךְ שֶׁאָכַלְנוּ מִשֶּׁלּוֹ וּבְטוּבוֹ חָיִינוּ:
ומי שלא אכל עמהם עונה: בָּרוּךְ וּמְבֹרָךְ שְׁמוֹ תָּמִיד לְעוֹלָם וָעֶד:
בעשרה ויותר אומר המזמן:
בִּרְשׁוּת מָרָנָן וְרַבָּנָן וְרַבּוֹתַי נְבָרֵךְ אֱלֹהֵינוּ שֶׁאָכַלְנוּ מִשֶּׁלּוֹ:
ועונים המסובים (והמזמן): בָּרוּךְ אֱלֹהֵינוּ שֶׁאָכַלְנוּ מִשֶּׁלּוֹ וּבְטוּבוֹ חָיִינוּ:
ומי שלא אכל עמהם עונה: בָּרוּךְ אֱלֹהֵינוּ וּמְבֹרָךְ שְׁמוֹ תָּמִיד לְעוֹלָם וָעֶד:

בָּרוּךְ אַתָּה יְיָ אֱלֹהֵינוּ מֶלֶךְ הָעוֹלָם הַזָּן אֶת הָעוֹלָם כֻּלּוֹ בְּטוּבוֹ בְּחֵן בְּחֶסֶד וּבְרַחֲמִים הוּא־נוֹתֵן לֶחֶם לְכָל־בָּשָׂר כִּי לְעוֹלָם חַסְדּוֹ: וּבְטוּבוֹ הַגָּדוֹל עִמָּנוּ תָּמִיד לֹא־חָסַר לָנוּ וְאַל יֶחְסַר־לָנוּ מָזוֹן לְעוֹלָם וָעֶד: בַּעֲבוּר שְׁמוֹ הַגָּדוֹל כִּי הוּא אֵל זָן וּמְפַרְנֵס לַכֹּל וּמֵטִיב לַכֹּל וּמֵכִין מָזוֹן לְכָל־בְּרִיּוֹתָיו אֲשֶׁר בָּרָא כָּאָמוּר פּוֹתֵחַ אֶת־יָדֶךָ וּמַשְׂבִּיעַ לְכָל־חַי רָצוֹן: בָּרוּךְ אַתָּה יְיָ הַזָּן אֶת הַכֹּל:

נוֹדֶה לְּךָ יְיָ אֱלֹהֵינוּ עַל שֶׁהִנְחַלְתָּ לַאֲבוֹתֵינוּ אֶרֶץ חֶמְדָּה טוֹבָה וּרְחָבָה וְעַל שֶׁהוֹצֵאתָנוּ יְיָ אֱלֹהֵינוּ מֵאֶרֶץ מִצְרַיִם וּפְדִיתָנוּ מִבֵּית עֲבָדִים וְעַל־בְּרִיתְךָ שֶׁחָתַמְתָּ בִּבְשָׂרֵנוּ וְעַל תּוֹרָתְךָ שֶׁלִּמַּדְתָּנוּ וְעַל חֻקֶּיךָ שֶׁהוֹדַעְתָּנוּ וְעַל חַיִּים חֵן וָחֶסֶד שֶׁחוֹנַנְתָּנוּ וְעַל אֲכִילַת מָזוֹן שָׁאַתָּה זָן וּמְפַרְנֵס אוֹתָנוּ תָּמִיד בְּכָל־יוֹם וּבְכָל־עֵת וּבְכָל־שָׁעָה:

וְעַל הַכֹּל יְיָ אֱלֹהֵינוּ אֲנַחְנוּ מוֹדִים לָךְ וּמְבָרְכִים אוֹתָךְ יִתְבָּרֵךְ שִׁמְךָ בְּפִי כָּל חַי תָּמִיד לְעוֹלָם וָעֶד: כַּכָּתוּב וְאָכַלְתָּ וְשָׂבָעְתָּ, וּבֵרַכְתָּ אֶת־יְיָ אֱלֹהֶיךָ עַל־הָאָרֶץ הַטּוֹבָה אֲשֶׁר נָתַן לָךְ: בָּרוּךְ אַתָּה יְיָ עַל־הָאָרֶץ וְעַל־הַמָּזוֹן:

רַחֵם יְיָ אֱלֹהֵינוּ עַל־יִשְׂרָאֵל עַמֶּךָ וְעַל־יְרוּשָׁלַיִם עִירֶךָ וְעַל צִיּוֹן מִשְׁכַּן כְּבוֹדֶךָ וְעַל מַלְכוּת בֵּית דָּוִד מְשִׁיחֶךָ וְעַל־הַבַּיִת הַגָּדוֹל וְהַקָּדוֹשׁ שֶׁנִּקְרָא שִׁמְךָ עָלָיו: אֱלֹהֵינוּ אָבִינוּ רוֹעֵנוּ זוּנֵנוּ פַּרְנְסֵנוּ וְכַלְכְּלֵנוּ וְהַרְוִיחֵנוּ וְהַרְוַח לָנוּ יְיָ אֱלֹהֵינוּ מְהֵרָה מִכָּל־צָרוֹתֵינוּ: וְנָא אַל־תַּצְרִיכֵנוּ יְיָ אֱלֹהֵינוּ. לֹא לִידֵי מַתְּנַת בָּשָׂר וָדָם וְלֹא לִידֵי הַלְוָאָתָם כִּי אִם לְיָדְךָ הַמְּלֵאָה הַפְּתוּחָה הַקְּדוֹשָׁה וְהָרְחָבָה שֶׁלֹּא נֵבוֹשׁ וְלֹא נִכָּלֵם לְעוֹלָם וָעֶד:

בשבת: רְצֵה וְהַחֲלִיצֵנוּ יְיָ אֱלֹהֵינוּ בְּמִצְוֹתֶיךָ וּבְמִצְוַת יוֹם הַשְּׁבִיעִי הַשַּׁבָּת הַגָּדוֹל וְהַקָּדוֹשׁ הַזֶּה כִּי יוֹם זֶה גָּדוֹל וְקָדוֹשׁ הוּא לְפָנֶיךָ לִשְׁבָּת־בּוֹ וְלָנוּחַ־בּוֹ בְּאַהֲבָה כְּמִצְוַת רְצוֹנֶךָ. וּבִרְצוֹנְךָ הָנִיחַ לָנוּ יְיָ אֱלֹהֵינוּ שֶׁלֹּא תְהֵא צָרָה וְיָגוֹן וַאֲנָחָה בְּיוֹם מְנוּחָתֵנוּ. וְהַרְאֵנוּ יְהוָה אֱלֹהֵינוּ בְּנֶחָמַת צִיּוֹן עִירֶךָ וּבְבִנְיַן יְרוּשָׁלַיִם עִיר קָדְשֶׁךָ כִּי אַתָּה־הוּא בַּעַל הַיְשׁוּעוֹת וּבַעַל הַנֶּחָמוֹת:

אֱלֹהֵינוּ וֵאלֹהֵי אֲבוֹתֵינוּ יַעֲלֶה וְיָבֹא. וְיַגִּיעַ וְיֵרָאֶה וְיֵרָצֶה. וְיִשָּׁמַע וְיִפָּקֵד וְיִזָּכֵר. זִכְרוֹנֵנוּ וּפִקְדוֹנֵנוּ. וְזִכְרוֹן אֲבוֹתֵינוּ. וְזִכְרוֹן מָשִׁיחַ בֶּן־דָּוִד עַבְדֶּךָ. וְזִכְרוֹן יְרוּשָׁלַיִם עִיר קָדְשֶׁךָ. וְזִכְרוֹן כָּל־עַמְּךָ בֵּית יִשְׂרָאֵל לְפָנֶיךָ לִפְלֵטָה לְטוֹבָה. לְחֵן וּלְחֶסֶד וּלְרַחֲמִים וּלְחַיִּים טוֹבִים וּלְשָׁלוֹם. בְּיוֹם חַג הַמַּצּוֹת הַזֶּה. בְּיוֹם טוֹב מִקְרָא קֹדֶשׁ הַזֶּה. זָכְרֵנוּ יְיָ אֱלֹהֵינוּ בּוֹ לְטוֹבָה. וּפָקְדֵנוּ בוֹ לִבְרָכָה. וְהוֹשִׁיעֵנוּ בוֹ לְחַיִּים טוֹבִים: וּבִדְבַר יְשׁוּעָה וְרַחֲמִים חוּס וְחָנֵּנוּ וְרַחֵם עָלֵינוּ וְהוֹשִׁיעֵנוּ כִּי אֵלֶיךָ עֵינֵינוּ. כִּי אֵל מֶלֶךְ חַנּוּן וְרַחוּם אָתָּה:

וּבְנֵה יְרוּשָׁלַיִם עִיר הַקֹּדֶשׁ בִּמְהֵרָה בְיָמֵינוּ. בָּרוּךְ אַתָּה יְיָ בּוֹנֵה בְרַחֲמָיו יְרוּשָׁלָיִם. אָמֵן:

בָּרוּךְ אַתָּה יְיָ אֱלֹהֵינוּ מֶלֶךְ הָעוֹלָם הָאֵל. אָבִינוּ מַלְכֵּנוּ. אַדִּירֵנוּ בּוֹרְאֵנוּ גּוֹאֲלֵנוּ יוֹצְרֵנוּ. קְדוֹשֵׁנוּ קְדוֹשׁ יַעֲקֹב רוֹעֵנוּ רוֹעֵה יִשְׂרָאֵל הַמֶּלֶךְ הַטּוֹב וְהַמֵּטִיב לַכֹּל בְּכָל־יוֹם וָיוֹם. הוּא הֵיטִיב לָנוּ. הוּא מֵטִיב לָנוּ. הוּא יֵיטִיב לָנוּ. הוּא גְמָלָנוּ הוּא גוֹמְלֵנוּ הוּא יִגְמְלֵנוּ לָעַד. לְחֵן וּלְחֶסֶד וּלְרַחֲמִים. וּלְרֶוַח הַצָּלָה וְהַצְלָחָה. בְּרָכָה וִישׁוּעָה. נֶחָמָה פַּרְנָסָה וְכַלְכָּלָה וְרַחֲמִים וְחַיִּים וְשָׁלוֹם וְכָל־טוֹב וּמִכָּל־טוּב לְעוֹלָם אַל יְחַסְּרֵנוּ: הָרַחֲמָן הוּא יִמְלֹךְ עָלֵינוּ לְעוֹלָם וָעֶד: הָרַחֲמָן הוּא יִתְבָּרַךְ בַּשָּׁמַיִם וּבָאָרֶץ: הָרַחֲמָן הוּא יִשְׁתַּבַּח לְדוֹר דּוֹרִים וְיִתְפָּאַר בָּנוּ לָעַד וּלְנֵצַח נְצָחִים וְיִתְהַדַּר בָּנוּ לָעַד וּלְעוֹלְמֵי עוֹלָמִים: הָרַחֲמָן הוּא יְפַרְנְסֵנוּ בְּכָבוֹד: הָרַחֲמָן הוּא יִשְׁבּוֹר עֹל גָּלוּת מֵעַל צַוָּארֵנוּ וְהוּא יוֹלִיכֵנוּ קוֹמְמִיּוּת לְאַרְצֵנוּ: הָרַחֲמָן הוּא יִשְׁלַח בְּרָכָה מְרֻבָּה בְּבַיִת זֶה וְעַל שֻׁלְחָן זֶה שֶׁאָכַלְנוּ עָלָיו: הָרַחֲמָן הוּא יִשְׁלַח לָנוּ אֶת־אֵלִיָּהוּ הַנָּבִיא זָכוּר לַטּוֹב וִיבַשֶּׂר־לָנוּ בְּשׂוֹרוֹת טוֹבוֹת יְשׁוּעוֹת וְנֶחָמוֹת: הָרַחֲמָן הוּא יְבָרֵךְ אֶת־אָבִי מוֹרִי בַּעַל הַבַּיִת הַזֶּה וְאֶת־אִמִּי מוֹרָתִי בַּעֲלַת הַבַּיִת הַזֶּה אוֹתָם וְאֶת־בֵּיתָם וְאֶת־זַרְעָם וְאֶת־כָּל־אֲשֶׁר לָהֶם אוֹתָנוּ וְאֶת־כָּל אֲשֶׁר לָנוּ: כְּמוֹ שֶׁבֵּרַךְ אֶת־אֲבוֹתֵינוּ אַבְרָהָם יִצְחָק וְיַעֲקֹב בַּכֹּל מִכֹּל כֹּל כֵּן יְבָרֵךְ אוֹתָנוּ (בני ברית) כֻּלָּנוּ יַחַד בִּבְרָכָה שְׁלֵמָה וְנֹאמַר אָמֵן:

בַּמָּרוֹם יְלַמְּדוּ עָלָיו וְעָלֵינוּ זְכוּת שֶׁתְּהֵא לְמִשְׁמֶרֶת שָׁלוֹם
וְנִשָּׂא בְרָכָה מֵאֵת יְיָ וּצְדָקָה מֵאֱלֹהֵי יִשְׁעֵנוּ וְנִמְצָא
חֵן וְשֵׂכֶל טוֹב בְּעֵינֵי אֱלֹהִים וְאָדָם:

בשבת הָרַחֲמָן הוּא יַנְחִילֵנוּ לְיוֹם שֶׁכֻּלּוֹ שַׁבָּת וּמְנוּחָה לְחַיֵּי הָעוֹלָמִים:

הָרַחֲמָן הוּא יַנְחִילֵנוּ לְיוֹם שֶׁכֻּלּוֹ טוֹב:

הָרַחֲמָן הוּא יְזַכֵּנוּ לִימוֹת הַמָּשִׁיחַ וּלְחַיֵּי הָעוֹלָם הַבָּא. מִגְדּוֹל
יְשׁוּעוֹת מַלְכּוֹ וְעֹשֶׂה חֶסֶד | לִמְשִׁיחוֹ לְדָוִד וּלְזַרְעוֹ עַד־
עוֹלָם: עֹשֶׂה שָׁלוֹם בִּמְרוֹמָיו הוּא יַעֲשֶׂה שָׁלוֹם עָלֵינוּ וְעַל כָּל־
יִשְׂרָאֵל וְאִמְרוּ אָמֵן:

יְראוּ אֶת־יְיָ קְדֹשָׁיו כִּי־אֵין מַחְסוֹר לִירֵאָיו: כְּפִירִים רָשׁוּ
וְרָעֵבוּ וְדֹרְשֵׁי יְיָ לֹא־יַחְסְרוּ כָל־טוֹב: הוֹדוּ לַייָ כִּי טוֹב
כִּי לְעוֹלָם חַסְדּוֹ: פּוֹתֵחַ אֶת־יָדֶךָ וּמַשְׂבִּיעַ לְכָל־חַי רָצוֹן:
בָּרוּךְ הַגֶּבֶר אֲשֶׁר יִבְטַח בַּייָ וְהָיָה יְיָ מִבְטַחוֹ:

ומברכים על הכוס ושותים בהסיבה:

בָּרוּךְ אַתָּה יְיָ אֱלֹהֵינוּ מֶלֶךְ הָעוֹלָם בּוֹרֵא פְּרִי הַגָּפֶן:

מוזגים כוס רביעית ופותחין הדלת לכבוד כניסת אליהו הנביא ואומרים:

שְׁפֹךְ חֲמָתְךָ אֶל הַגּוֹיִם אֲשֶׁר לֹא יְדָעוּךָ. וְעַל מַמְלָכוֹת אֲשֶׁר
בְּשִׁמְךָ לֹא קָרָאוּ: כִּי אָכַל אֶת יַעֲקֹב וְאֶת נָוֵהוּ הֵשַׁמּוּ:
שְׁפָךְ עֲלֵיהֶם זַעְמֶךָ וַחֲרוֹן אַפְּךָ יַשִּׂיגֵם: תִּרְדֹּף בְּאַף וְתַשְׁמִידֵם

הלל נרצה

לֹא לָנוּ יְיָ לֹא לָנוּ כִּי לְשִׁמְךָ תֵּן כָּבוֹד עַל חַסְדְּךָ עַל אֲמִתֶּךָ:
לָמָּה יֹאמְרוּ הַגּוֹיִם אַיֵּה נָא אֱלֹהֵיהֶם: וֵאלֹהֵינוּ בַשָּׁמָיִם
כֹּל אֲשֶׁר חָפֵץ עָשָׂה: עֲצַבֵּיהֶם כֶּסֶף וְזָהָב מַעֲשֵׂה יְדֵי אָדָם:
פֶּה לָהֶם וְלֹא יְדַבֵּרוּ עֵינַיִם לָהֶם וְלֹא יִרְאוּ: אָזְנַיִם לָהֶם
וְלֹא יִשְׁמָעוּ אַף לָהֶם וְלֹא יְרִיחוּן: יְדֵיהֶם וְלֹא יְמִישׁוּן
רַגְלֵיהֶם וְלֹא יְהַלֵּכוּ לֹא יֶהְגּוּ בִּגְרוֹנָם: כְּמוֹהֶם יִהְיוּ עֹשֵׂיהֶם
כֹּל אֲשֶׁר־בֹּטֵחַ בָּהֶם: יִשְׂרָאֵל בְּטַח בַּיְיָ עֶזְרָם וּמָגִנָּם הוּא:
בֵּית אַהֲרֹן בִּטְחוּ בַיְיָ עֶזְרָם וּמָגִנָּם הוּא: יִרְאֵי יְיָ בִּטְחוּ בַיְיָ
עֶזְרָם וּמָגִנָּם הוּא:

יְיָ זְכָרָנוּ יְבָרֵךְ יְבָרֵךְ אֶת בֵּית יִשְׂרָאֵל יְבָרֵךְ אֶת בֵּית אַהֲרֹן:
יְבָרֵךְ יִרְאֵי יְיָ הַקְּטַנִּים עִם הַגְּדֹלִים: יֹסֵף יְיָ עֲלֵיכֶם עֲלֵיכֶם
וְעַל בְּנֵיכֶם: בְּרוּכִים אַתֶּם לַיְיָ עֹשֵׂה שָׁמַיִם וָאָרֶץ: הַשָּׁמַיִם
שָׁמַיִם לַיְיָ וְהָאָרֶץ נָתַן לִבְנֵי אָדָם: לֹא הַמֵּתִים יְהַלְלוּ יָהּ
וְלֹא כָּל־יֹרְדֵי דוּמָה: וַאֲנַחְנוּ נְבָרֵךְ יָהּ מֵעַתָּה וְעַד עוֹלָם
הַלְלוּיָהּ:

אָהַבְתִּי כִּי יִשְׁמַע יְיָ אֶת קוֹלִי תַּחֲנוּנָי: כִּי הִטָּה אָזְנוֹ לִי
וּבְיָמַי אֶקְרָא: אֲפָפוּנִי חֶבְלֵי מָוֶת וּמְצָרֵי שְׁאוֹל
מְצָאוּנִי צָרָה וְיָגוֹן אֶמְצָא: וּבְשֵׁם־יְיָ אֶקְרָא אָנָּא יְיָ מַלְּטָה
נַפְשִׁי: חַנּוּן יְיָ וְצַדִּיק וֵאלֹהֵינוּ מְרַחֵם: שֹׁמֵר פְּתָאִים יְיָ דַּלֹּתִי
וְלִי יְהוֹשִׁיעַ: שׁוּבִי נַפְשִׁי לִמְנוּחָיְכִי כִּי יְיָ גָּמַל עָלָיְכִי: כִּי
חִלַּצְתָּ נַפְשִׁי מִמָּוֶת אֶת־עֵינִי מִן־דִּמְעָה אֶת־רַגְלִי מִדֶּחִי:
אֶתְהַלֵּךְ לִפְנֵי יְיָ בְּאַרְצוֹת הַחַיִּים: הֶאֱמַנְתִּי כִּי אֲדַבֵּר אֲנִי
עָנִיתִי מְאֹד: אֲנִי אָמַרְתִּי בְחָפְזִי כָּל הָאָדָם כֹּזֵב:

מָה אָשִׁיב לַיָי כָּל־תַּגְמוּלוֹהִי עָלָי: כּוֹס יְשׁוּעוֹת אֶשָּׂא
וּבְשֵׁם יְיָ אֶקְרָא: נְדָרַי לַיָי אֲשַׁלֵּם נֶגְדָה־נָּא לְכָל עַמּוֹ:
יָקָר בְּעֵינֵי יְיָ הַמָּוְתָה לַחֲסִידָיו: אָנָּא יְיָ כִּי אֲנִי עַבְדֶּךָ אֲנִי
עַבְדְּךָ בֶּן אֲמָתֶךָ פִּתַּחְתָּ לְמוֹסֵרָי: לְךָ אֶזְבַּח זֶבַח תּוֹדָה
וּבְשֵׁם יְיָ אֶקְרָא: נְדָרַי לַיָי אֲשַׁלֵּם נֶגְדָה־נָּא לְכָל עַמּוֹ:
בְּחַצְרוֹת בֵּית יְיָ בְּתוֹכֵכִי יְרוּשָׁלִַם הַלְלוּיָהּ:

הַלְלוּ אֶת יְיָ כָּל גּוֹיִם שַׁבְּחוּהוּ כָּל־הָאֻמִּים: כִּי גָבַר עָלֵינוּ
חַסְדּוֹ וֶאֱמֶת־יְיָ לְעוֹלָם הַלְלוּיָהּ:

כִּי לְעוֹלָם חַסְדּוֹ:	הוֹדוּ לַיָי כִּי טוֹב
כִּי לְעוֹלָם חַסְדּוֹ:	יֹאמַר נָא יִשְׂרָאֵל
כִּי לְעוֹלָם חַסְדּוֹ:	יֹאמְרוּ נָא בֵית אַהֲרֹן
כִּי לְעוֹלָם חַסְדּוֹ:	יֹאמְרוּ נָא יִרְאֵי יְיָ

מִן הַמֵּצַר קָרָאתִי יָּהּ עָנָנִי בַמֶּרְחָב יָהּ: יְיָ לִי לֹא אִירָא מַה־יַּעֲשֶׂה
לִי אָדָם: יְיָ לִי בְּעֹזְרָי וַאֲנִי אֶרְאֶה בְשֹׂנְאָי: טוֹב לַחֲסוֹת בַּיָי
מִבְּטֹחַ בָּאָדָם: טוֹב לַחֲסוֹת בַּיָי מִבְּטֹחַ בִּנְדִיבִים: כָּל גּוֹיִם
סְבָבוּנִי בְּשֵׁם יְיָ כִּי אֲמִילַם: סַבּוּנִי גַם סְבָבוּנִי בְּשֵׁם יְיָ כִּי אֲמִילַם:
סַבּוּנִי כִדְבֹרִים דֹּעֲכוּ כְּאֵשׁ קוֹצִים בְּשֵׁם יְיָ כִּי אֲמִילַם: דָּחֹה
דְחִיתַנִי לִנְפֹּל וַיָי עֲזָרָנִי: עָזִּי וְזִמְרָת יָהּ וַיְהִי לִי לִישׁוּעָה: קוֹל
רִנָּה וִישׁוּעָה בְּאָהֳלֵי צַדִּיקִים יְמִין יְיָ עֹשָׂה חָיִל: יְמִין יְיָ רוֹמֵמָה
יְמִין יְיָ עֹשָׂה חָיִל: לֹא־אָמוּת כִּי אֶחְיֶה וַאֲסַפֵּר מַעֲשֵׂי־יָהּ: יַסֹּר
יִסְּרַנִּי יָּהּ וְלַמָּוֶת לֹא נְתָנָנִי: פִּתְחוּ לִי שַׁעֲרֵי צֶדֶק אָבֹא בָם אוֹדֶה
יָהּ: זֶה הַשַּׁעַר לַיָי צַדִּיקִים יָבֹאוּ בוֹ: אוֹדְךָ כִּי עֲנִיתָנִי וַתְּהִי לִי
לִישׁוּעָה: אוֹדְךָ כִּי עֲנִיתָנִי וַתְּהִי לִי לִישׁוּעָה: אֶבֶן מָאֲסוּ הַבּוֹנִים
הָיְתָה לְרֹאשׁ פִּנָּה: אֶבֶן מָאֲסוּ הַבּוֹנִים הָיְתָה לְרֹאשׁ פִּנָּה: מֵאֵת
יְיָ הָיְתָה זֹּאת הִיא נִפְלָאת בְּעֵינֵינוּ: מֵאֵת יְיָ הָיְתָה זֹּאת הִיא
נִפְלָאת בְּעֵינֵינוּ: זֶה הַיּוֹם עָשָׂה יְיָ נָגִילָה וְנִשְׂמְחָה בוֹ: זֶה הַיּוֹם
עָשָׂה יְיָ נָגִילָה וְנִשְׂמְחָה בוֹ:

אָנָּא יְיָ הוֹשִׁיעָה נָּא: אָנָּא יְיָ הוֹשִׁיעָה נָּא:

אָנָּא יְיָ הַצְלִיחָה נָא: אָנָּא יְיָ הַצְלִיחָה נָא:

בָּרוּךְ **הַבָּא בְּשֵׁם יְיָ בֵּרַכְנוּכֶם מִבֵּית יְיָ:** בָּרוּךְ הַבָּא בְּשֵׁם יְיָ בֵּרַכְנוּכֶם מִבֵּית יְיָ: **אֵל יְיָ וַיָּאֶר לָנוּ אִסְרוּ חַג בַּעֲבֹתִים עַד קַרְנוֹת הַמִּזְבֵּחַ:** אֵל יְיָ וַיָּאֶר לָנוּ אִסְרוּ חַג בַּעֲבֹתִים עַד קַרְנוֹת הַמִּזְבֵּחַ: **אֵלִי אַתָּה וְאוֹדֶךָּ אֱלֹהַי אֲרוֹמְמֶךָּ:** אֵלִי אַתָּה וְאוֹדֶךָּ אֱלֹהַי אֲרוֹמְמֶךָּ: **הוֹדוּ לַייָ כִּי טוֹב כִּי לְעוֹלָם חַסְדּוֹ:** הוֹדוּ לַייָ כִּי טוֹב, כִּי לְעוֹלָם חַסְדּוֹ:

יְהַלְלוּךָ יְיָ אֱלֹהֵינוּ (על) כָּל מַעֲשֶׂיךָ וַחֲסִידֶיךָ צַדִּיקִים עוֹשֵׂי רְצוֹנֶךָ וְכָל־עַמְּךָ בֵּית יִשְׂרָאֵל בְּרִנָּה יוֹדוּ וִיבָרְכוּ וִישַׁבְּחוּ וִיפָאֲרוּ וִירוֹמְמוּ וְיַעֲרִיצוּ וְיַקְדִּישׁוּ וְיַמְלִיכוּ אֶת שִׁמְךָ מַלְכֵּנוּ. כִּי לְךָ טוֹב לְהוֹדוֹת וּלְשִׁמְךָ נָאֶה לְזַמֵּר, כִּי מֵעוֹלָם וְעַד עוֹלָם אַתָּה אֵל:

הוֹדוּ לַייָ כִּי טוֹב כִּי לְעוֹלָם חַסְדּוֹ:

הוֹדוּ לֵאלֹהֵי הָאֱלֹהִים כִּי לְעוֹלָם חַסְדּוֹ:

הוֹדוּ לַאֲדֹנֵי הָאֲדֹנִים כִּי לְעוֹלָם חַסְדּוֹ:

לְעֹשֵׂה נִפְלָאוֹת גְּדֹלוֹת לְבַדּוֹ כִּי לְעוֹלָם חַסְדּוֹ:

לְעֹשֵׂה הַשָּׁמַיִם בִּתְבוּנָה כִּי לְעוֹלָם חַסְדּוֹ:

לְרוֹקַע הָאָרֶץ עַל הַמָּיִם כִּי לְעוֹלָם חַסְדּוֹ:

לְעֹשֵׂה אוֹרִים גְּדֹלִים כִּי לְעוֹלָם חַסְדּוֹ:

אֶת הַשֶּׁמֶשׁ לְמֶמְשֶׁלֶת בַּיּוֹם כִּי לְעוֹלָם חַסְדּוֹ:

אֶת הַיָּרֵחַ וְכוֹכָבִים לְמֶמְשְׁלוֹת בַּלָּיְלָה כִּי לְעוֹלָם חַסְדּוֹ:

לְמַכֵּה מִצְרַיִם בִּבְכוֹרֵיהֶם כִּי לְעוֹלָם חַסְדּוֹ:

וַיּוֹצֵא יִשְׂרָאֵל מִתּוֹכָם כִּי לְעוֹלָם חַסְדּוֹ:

בְּיָד חֲזָקָה וּבִזְרוֹעַ נְטוּיָה כִּי לְעוֹלָם חַסְדּוֹ:

לְגֹזֵר יַם סוּף לִגְזָרִים כִּי לְעוֹלָם חַסְדּוֹ:

וְהֶעֱבִיר יִשְׂרָאֵל בְּתוֹכוֹ כִּי לְעוֹלָם חַסְדּוֹ:

וְנִעֵר פַּרְעֹה וְחֵילוֹ בְיַם־סוּף כִּי לְעוֹלָם חַסְדּוֹ:

לְמוֹלִיךְ עַמּוֹ בַּמִּדְבָּר כִּי לְעוֹלָם חַסְדּוֹ:

לְמַכֵּה מְלָכִים גְּדֹלִים כִּי לְעוֹלָם חַסְדּוֹ:
וַיַּהֲרֹג מְלָכִים אַדִּירִים כִּי לְעוֹלָם חַסְדּוֹ:
לְסִיחוֹן מֶלֶךְ הָאֱמֹרִי כִּי לְעוֹלָם חַסְדּוֹ:
וּלְעוֹג מֶלֶךְ הַבָּשָׁן כִּי לְעוֹלָם חַסְדּוֹ:
וְנָתַן אַרְצָם לְנַחֲלָה כִּי לְעוֹלָם חַסְדּוֹ:
נַחֲלָה לְיִשְׂרָאֵל עַבְדּוֹ כִּי לְעוֹלָם חַסְדּוֹ:
שֶׁבְּשִׁפְלֵנוּ זָכַר לָנוּ כִּי לְעוֹלָם חַסְדּוֹ:
וַיִּפְרְקֵנוּ מִצָּרֵינוּ כִּי לְעוֹלָם חַסְדּוֹ:
נֹתֵן לֶחֶם לְכָל בָּשָׂר כִּי לְעוֹלָם חַסְדּוֹ:
הוֹדוּ לְאֵל הַשָּׁמָיִם כִּי לְעוֹלָם חַסְדּוֹ:

נִשְׁמַת כָּל חַי תְּבָרֵךְ אֶת שִׁמְךָ יְיָ אֱלֹהֵינוּ, וְרוּחַ כָּל בָּשָׂר תְּפָאֵר
וּתְרוֹמֵם זִכְרְךָ מַלְכֵּנוּ תָּמִיד, מִן־הָעוֹלָם וְעַד־הָעוֹלָם
אַתָּה אֵל. וּמִבַּלְעָדֶיךָ אֵין לָנוּ מֶלֶךְ גּוֹאֵל וּמוֹשִׁיעַ, פּוֹדֶה וּמַצִּיל
וּמְפַרְנֵס וְעוֹנֶה וּמְרַחֵם בְּכָל עֵת צָרָה וְצוּקָה, אֵין לָנוּ מֶלֶךְ אֶלָּא
אָתָּה. אֱלֹהֵי הָרִאשׁוֹנִים וְהָאַחֲרוֹנִים אֱלוֹהַּ כָּל־בְּרִיּוֹת, אֲדוֹן
כָּל־תּוֹלָדוֹת, הַמְהֻלָּל בְּרֹב הַתִּשְׁבָּחוֹת, הַמְנַהֵג עוֹלָמוֹ בְּחֶסֶד
וּבְרִיּוֹתָיו בְּרַחֲמִים, וַייָ הִנֵּה לֹא־יָנוּם וְלֹא יִישָׁן, הַמְעוֹרֵר יְשֵׁנִים
וְהַמֵּקִיץ נִרְדָּמִים וְהַמֵּשִׂיחַ אִלְּמִים וְהַמַּתִּיר אֲסוּרִים וְהַסּוֹמֵךְ
נוֹפְלִים וְהַזּוֹקֵף כְּפוּפִים, לְךָ לְבַדְּךָ אֲנַחְנוּ מוֹדִים. אִלּוּ פִינוּ מָלֵא
שִׁירָה כַּיָּם וּלְשׁוֹנֵנוּ רִנָּה כַּהֲמוֹן גַּלָּיו, וְשִׂפְתוֹתֵינוּ שֶׁבַח כְּמֶרְחֲבֵי
רָקִיעַ, וְעֵינֵינוּ מְאִירוֹת כַּשֶּׁמֶשׁ וְכַיָּרֵחַ, וְיָדֵינוּ פְרוּשׂוֹת כְּנִשְׁרֵי
שָׁמָיִם, וְרַגְלֵינוּ קַלּוֹת כָּאַיָּלוֹת. אֵין אָנוּ מַסְפִּיקִים לְהוֹדוֹת לְךָ יְיָ
אֱלֹהֵינוּ וֵאלֹהֵי אֲבוֹתֵינוּ, וּלְבָרֵךְ אֶת־שְׁמֶךָ עַל־אַחַת מֵאֶלֶף אַלְפֵי
אֲלָפִים, וְרִבֵּי רְבָבוֹת פְּעָמִים, הַטּוֹבוֹת, נִסִּים וְנִפְלָאוֹת שֶׁעָשִׂיתָ
עִמָּנוּ וְעִם־אֲבוֹתֵינוּ מִלְּפָנִים: מִמִּצְרַיִם גְּאַלְתָּנוּ, יְיָ אֱלֹהֵינוּ,
מִבֵּית עֲבָדִים פְּדִיתָנוּ, בְּרָעָב זַנְתָּנוּ וּבְשָׂבָע כִּלְכַּלְתָּנוּ, מֵחֶרֶב
הִצַּלְתָּנוּ וּמִדֶּבֶר מִלַּטְתָּנוּ, וּמֵחֳלָיִם רָעִים וְנֶאֱמָנִים דִּלִּיתָנוּ. עַד־
הֵנָּה עֲזָרוּנוּ רַחֲמֶיךָ, וְלֹא עֲזָבוּנוּ חֲסָדֶיךָ, וְאַל־תִּטְּשֵׁנוּ יְיָ אֱלֹהֵינוּ,
לָנֶצַח. עַל־כֵּן, אֵבָרִים שֶׁפִּלַּגְתָּ, בָּנוּ וְרוּחַ וּנְשָׁמָה שֶׁנָּפַחְתָּ בְּאַפֵּינוּ,
וְלָשׁוֹן אֲשֶׁר שַׂמְתָּ בְּפִינוּ. הֵן הֵם יוֹדוּ וִיבָרְכוּ וִישַׁבְּחוּ וִיפָאֲרוּ

וִירוֹמְמוּ וְיַעֲרִיצוּ וְיַקְדִּישׁוּ, וְיַמְלִיכוּ אֶת שִׁמְךָ מַלְכֵּנוּ. כִּי כָל
פֶּה, לְךָ יוֹדֶה, וְכָל־לָשׁוֹן, לְךָ תִשָּׁבַע. וְכָל עַיִן, לְךָ תְצַפֶּה. וְכָל־
בֶּרֶךְ, לְךָ תִכְרַע. וְכָל־קוֹמָה, לְפָנֶיךָ תִשְׁתַּחֲוֶה. וְכָל־הַלְּבָבוֹת
יִירָאוּךָ. וְכָל קֶרֶב וּכְלָיוֹת יְזַמְּרוּ לִשְׁמֶךָ. כַּדָּבָר שֶׁכָּתוּב, כָּל
עַצְמֹתַי | תֹּאמַרְנָה, יְיָ, מִי כָמוֹךָ; מַצִּיל עָנִי מֵחָזָק מִמֶּנּוּ, וְעָנִי
וְאֶבְיוֹן מִגֹּזְלוֹ. מִי יִדְמֶה־לָּךְ, וּמִי יִשְׁוֶה־לָּךְ, וּמִי יַעֲרָךְ־לָךְ, הָאֵל
הַגָּדוֹל, הַגִּבּוֹר וְהַנּוֹרָא, אֵל עֶלְיוֹן, קֹנֵה שָׁמַיִם וָאָרֶץ. נְהַלֶּלְךָ
וּנְשַׁבֵּחֲךָ וּנְפָאֶרְךָ, וּנְבָרֵךְ אֶת־שֵׁם קָדְשֶׁךָ, כָּאָמוּר; לְדָוִד | בָּרְכִי
נַפְשִׁי אֶת יְיָ, וְכָל קְרָבַי אֶת שֵׁם קָדְשׁוֹ:

הָאֵל בְּתַעֲצֻמוֹת עֻזֶּךָ הַגָּדוֹל בִּכְבוֹד שְׁמֶךָ, הַגִּבּוֹר לָנֶצַח,
וְהַנּוֹרָא בְּנוֹרְאוֹתֶיךָ. הַמֶּלֶךְ הַיּוֹשֵׁב עַל כִּסֵּא רָם וְנִשָּׂא:

שׁוֹכֵן עַד, מָרוֹם וְקָדוֹשׁ שְׁמוֹ. וְכָתוּב, רַנְּנוּ צַדִּיקִים בַּיְיָ, לַיְשָׁרִים
נָאוָה תְהִלָּה: בְּפִי יְשָׁרִים תִּתְרוֹמָם, וּבְשִׂפְתֵי צַדִּיקִים
תִּתְבָּרֵךְ, וּבִלְשׁוֹן חֲסִידִים תִּתְקַדָּשׁ, וּבְקֶרֶב קְדוֹשִׁים תִּתְהַלָּל:

וּבְמַקְהֲלוֹת רִבְבוֹת עַמְּךָ בֵּית יִשְׂרָאֵל, בְּרִנָּה יִתְפָּאַר שִׁמְךָ
מַלְכֵּנוּ בְּכָל־דּוֹר וָדוֹר, שֶׁכֵּן חוֹבַת כָּל הַיְצוּרִים,
לְפָנֶיךָ יְיָ אֱלֹהֵינוּ וֵאלֹהֵי אֲבוֹתֵינוּ, לְהוֹדוֹת, לְהַלֵּל, לְשַׁבֵּחַ,
לְפָאֵר, לְרוֹמֵם, לְהַדֵּר, לְבָרֵךְ, לְעַלֵּה וּלְקַלֵּס, עַל כָּל־דִּבְרֵי
שִׁירוֹת וְתִשְׁבְּחוֹת דָּוִד בֶּן־יִשַׁי עַבְדְּךָ, מְשִׁיחֶךָ:

וּבְכֵן יִשְׁתַּבַּח שִׁמְךָ לָעַד מַלְכֵּנוּ, הָאֵל הַמֶּלֶךְ הַגָּדוֹל וְהַקָּדוֹשׁ
בַּשָּׁמַיִם וּבָאָרֶץ. כִּי לְךָ נָאֶה יְיָ אֱלֹהֵינוּ וֵאלֹהֵי אֲבוֹתֵינוּ
לְעוֹלָם וָעֶד: שִׁיר וּשְׁבָחָה, הַלֵּל וְזִמְרָה, עֹז וּמֶמְשָׁלָה, נֶצַח,
גְּדֻלָּה וּגְבוּרָה, תְּהִלָּה וְתִפְאֶרֶת, קְדֻשָּׁה וּמַלְכוּת: בְּרָכוֹת
וְהוֹדָאוֹת, לְשִׁמְךָ הַגָּדוֹל וְהַקָּדוֹשׁ, וּמֵעוֹלָם עַד־עוֹלָם אַתָּה
אֵל. בָּרוּךְ אַתָּה יְיָ, אֵל מֶלֶךְ גָּדוֹל וּמְהֻלָּל בַּתִּשְׁבָּחוֹת, אֵל
הַהוֹדָאוֹת, אֲדוֹן הַנִּפְלָאוֹת, בּוֹרֵא כָּל־הַנְּשָׁמוֹת, רִבּוֹן כָּל־
הַמַּעֲשִׂים, הַבּוֹחֵר בְּשִׁירֵי זִמְרָה, מֶלֶךְ יָחִיד, חֵי הָעוֹלָמִים:

הנוהגים לומר פזמונים, אין להפסיק בהם בין ברכה זו ובין ברכת הכוס, אלא מיד אחר־כך
מברכים על כוס רביעית ושותים בהסיבה:

בָּרוּךְ אַתָּה יְיָ אֱלֹהֵינוּ מֶלֶךְ הָעוֹלָם בּוֹרֵא פְּרִי הַגָּפֶן:

ומברכים ברכה אחרונה על הגפן:

בָּרוּךְ אַתָּה יְיָ אֱלֹהֵינוּ מֶלֶךְ הָעוֹלָם, עַל הַגֶּפֶן וְעַל פְּרִי הַגֶּפֶן וְעַל תְּנוּבַת הַשָּׂדֶה וְעַל־אֶרֶץ חֶמְדָּה טוֹבָה וּרְחָבָה שֶׁרָצִיתָ וְהִנְחַלְתָּ לַאֲבוֹתֵינוּ לֶאֱכֹל מִפִּרְיָהּ וְלִשְׂבֹּעַ מִטּוּבָהּ רַחֶם־נָא יְיָ אֱלֹהֵינוּ עַל יִשְׂרָאֵל־עַמֶּךָ וְעַל־יְרוּשָׁלַיִם עִירֶךָ וְעַל־צִיּוֹן מִשְׁכַּן כְּבוֹדֶךָ וְעַל־מִזְבְּחֶךָ וְעַל־הֵיכָלֶךָ וּבְנֵה יְרוּשָׁלַיִם עִיר הַקֹּדֶשׁ בִּמְהֵרָה בְיָמֵינוּ וְהַעֲלֵנוּ לְתוֹכָהּ, וְשַׂמְּחֵנוּ בָּהּ וּנְבָרֶכְךָ בִּקְדֻשָּׁה וּבְטָהֳרָה. (בשבת: וּרְצֵה וְהַחֲלִיצֵנוּ בְּיוֹם הַשַּׁבָּת הַזֶּה): וְזָכְרֵנוּ לְטוֹבָה בְּיוֹם חַג הַמַּצּוֹת הַזֶּה. כִּי אַתָּה יְיָ טוֹב וּמֵטִיב לַכֹּל וְנוֹדֶה לְךָ עַל הָאָרֶץ וְעַל פְּרִי־הַגֶּפֶן. בָּרוּךְ אַתָּה יְיָ עַל־הָאָרֶץ וְעַל־פְּרִי הַגָּפֶן:

ברכת בנ"ר אם שתה שאר משקים:

בָּרוּךְ אַתָּה יְיָ אֱלֹהֵינוּ מֶלֶךְ הָעוֹלָם, בּוֹרֵא נְפָשׁוֹת רַבּוֹת וְחֶסְרוֹנָן עַל כֹּל מַה־שֶּׁבָּרָאתָ לְהַחֲיוֹת בָּהֶם נֶפֶשׁ כָּל־חָי, בָּרוּךְ חֵי הָעוֹלָמִים:

ואחר כך אומרים:

לְשָׁנָה הַבָּאָה בִּירוּשָׁלָיִם:

אֶחָד מִי יוֹדֵעַ

אֶחָד מִי יוֹדֵעַ?
אֶחָד אֲנִי יוֹדֵעַ: אֶחָד אֱלֹקֵינוּ שֶׁבַּשָּׁמַיִם וּבָאָרֶץ:

שְׁנַיִם מִי יוֹדֵעַ?
שְׁנַיִם אֲנִי יוֹדֵעַ: שְׁנֵי לֻחוֹת הַבְּרִית. אֶחָד אֱלֹקֵינוּ שֶׁבַּשָּׁמַיִם וּבָאָרֶץ:

שְׁלֹשָׁה מִי יוֹדֵעַ?
שְׁלֹשָׁה אֲנִי יוֹדֵעַ: שְׁלֹשָׁה אָבוֹת. שְׁנֵי לֻחוֹת הַבְּרִית. אֶחָד אֱלֹקֵינוּ שֶׁבַּשָּׁמַיִם וּבָאָרֶץ:

אַרְבַּע מִי יוֹדֵעַ?
אַרְבַּע אֲנִי יוֹדֵעַ: אַרְבַּע אִמָּהוֹת. שְׁלֹשָׁה אָבוֹת. שְׁנֵי לֻחוֹת הַבְּרִית. אֶחָד אֱלֹקֵינוּ שֶׁבַּשָּׁמַיִם וּבָאָרֶץ:

חֲמִשָּׁה מִי יוֹדֵעַ?
חֲמִשָּׁה אֲנִי יוֹדֵעַ: חֲמִשָּׁה חוּמְשֵׁי תוֹרָה. אַרְבַּע אִמָּהוֹת. שְׁלֹשָׁה אָבוֹת. שְׁנֵי לֻחוֹת הַבְּרִית. אֶחָד אֱלֹקֵינוּ שֶׁבַּשָּׁמַיִם וּבָאָרֶץ:

שִׁשָּׁה מִי יוֹדֵעַ?
שִׁשָּׁה אֲנִי יוֹדֵעַ: שִׁשָּׁה סִדְרֵי מִשְׁנָה. חֲמִשָּׁה חוּמְשֵׁי תוֹרָה. אַרְבַּע אִמָּהוֹת. שְׁלֹשָׁה אָבוֹת. שְׁנֵי לֻחוֹת הַבְּרִית. אֶחָד אֱלֹקֵינוּ שֶׁבַּשָּׁמַיִם וּבָאָרֶץ:

שִׁבְעָה מִי יוֹדֵעַ?
שִׁבְעָה אֲנִי יוֹדֵעַ: שִׁבְעָה יְמֵי שַׁבַּתָּא. שִׁשָּׁה סִדְרֵי מִשְׁנָה. חֲמִשָּׁה חוּמְשֵׁי תוֹרָה. אַרְבַּע אִמָּהוֹת. שְׁלֹשָׁה אָבוֹת. שְׁנֵי

שְׁמוֹנָה מִי יוֹדֵעַ?
שְׁמוֹנָה אֲנִי יוֹדֵעַ: שְׁמוֹנָה יְמֵי מִילָה. שִׁבְעָה יְמֵי שַׁבַּתָּא. שִׁשָּׁה סִדְרֵי מִשְׁנָה. חֲמִשָּׁה חוּמְשֵׁי תוֹרָה. אַרְבַּע אִמָּהוֹת. שְׁלֹשָׁה אָבוֹת. שְׁנֵי לֻחוֹת הַבְּרִית. אֶחָד אֱלֹקֵינוּ שֶׁבַּשָּׁמַיִם וּבָאָרֶץ:

תִּשְׁעָה מִי יוֹדֵעַ?
תִּשְׁעָה אֲנִי יוֹדֵעַ: תִּשְׁעָה יַרְחֵי לֵדָה. שְׁמוֹנָה יְמֵי מִילָה. שִׁבְעָה יְמֵי שַׁבַּתָּא. שִׁשָּׁה סִדְרֵי מִשְׁנָה. חֲמִשָּׁה חוּמְשֵׁי תוֹרָה. אַרְבַּע אִמָּהוֹת. שְׁלֹשָׁה אָבוֹת. שְׁנֵי לֻחוֹת הַבְּרִית. אֶחָד אֱלֹקֵינוּ שֶׁבַּשָּׁמַיִם וּבָאָרֶץ:

עֲשָׂרָה מִי יוֹדֵעַ?
עֲשָׂרָה אֲנִי יוֹדֵעַ: עֲשָׂרָה דִבְּרַיָּא. תִּשְׁעָה יַרְחֵי לֵדָה. שְׁמוֹנָה יְמֵי מִילָה. שִׁבְעָה יְמֵי שַׁבַּתָּא. שִׁשָּׁה סִדְרֵי מִשְׁנָה. חֲמִשָּׁה חוּמְשֵׁי תוֹרָה. אַרְבַּע אִמָּהוֹת. שְׁלֹשָׁה אָבוֹת. שְׁנֵי לֻחוֹת הַבְּרִית. אֶחָד אֱלֹקֵינוּ שֶׁבַּשָּׁמַיִם וּבָאָרֶץ:

אַחַד עָשָׂר מִי יוֹדֵעַ?
אַחַד עָשָׂר אֲנִי יוֹדֵעַ: אַחַד עָשָׂר כּוֹכְבַיָּא. עֲשָׂרָה דִבְּרַיָּא. תִּשְׁעָה יַרְחֵי לֵדָה. שְׁמוֹנָה יְמֵי מִילָה. שִׁבְעָה יְמֵי שַׁבַּתָּא. שִׁשָּׁה סִדְרֵי מִשְׁנָה. חֲמִשָּׁה חוּמְשֵׁי תוֹרָה. אַרְבַּע אִמָּהוֹת. שְׁלֹשָׁה אָבוֹת.

שְׁנֵי לֻחוֹת הַבְּרִית. אֶחָד אֱלֹקֵינוּ
שֶׁבַּשָּׁמַיִם וּבָאָרֶץ:

שְׁנֵים עָשָׂר מִי יוֹדֵעַ?
שְׁנֵים עָשָׂר אֲנִי יוֹדֵעַ: שְׁנֵים עָשָׂר
שִׁבְטַיָּא. אַחַד עָשָׂר כּוֹכְבַיָּא.
עֲשָׂרָה דִבְּרַיָּא. תִּשְׁעָה יַרְחֵי
לֵדָה. שְׁמוֹנָה יְמֵי מִילָה. שִׁבְעָה
יְמֵי שַׁבַּתָּא. שִׁשָּׁה סִדְרֵי מִשְׁנָה.
חֲמִשָּׁה חוּמְשֵׁי תוֹרָה. אַרְבַּע
אִמָּהוֹת. שְׁלֹשָׁה אָבוֹת. שְׁנֵי
לֻחוֹת הַבְּרִית. אֶחָד אֱלֹקֵינוּ
שֶׁבַּשָּׁמַיִם וּבָאָרֶץ:

שְׁלֹשָׁה עָשָׂר מִי יוֹדֵעַ?
שְׁלֹשָׁה עָשָׂר אֲנִי יוֹדֵעַ: שְׁלֹשָׁה
עָשָׂר מִדַּיָּא. שְׁנֵים עָשָׂר שִׁבְטַיָּא.
אַחַד עָשָׂר כּוֹכְבַיָּא. עֲשָׂרָה
דִבְּרַיָּא. תִּשְׁעָה יַרְחֵי לֵדָה.
שְׁמוֹנָה יְמֵי מִילָה. שִׁבְעָה יְמֵי
שַׁבַּתָּא. שִׁשָּׁה סִדְרֵי מִשְׁנָה.
חֲמִשָּׁה חוּמְשֵׁי תוֹרָה. אַרְבַּע
אִמָּהוֹת. שְׁלֹשָׁה אָבוֹת. שְׁנֵי
לֻחוֹת הַבְּרִית. אֶחָד אֱלֹקֵינוּ
שֶׁבַּשָּׁמַיִם וּבָאָרֶץ:

חד גדיא

חַד גַּדְיָא, חַד גַּדְיָא:
דְּזַבִּין אַבָּא בִּתְרֵי זוּזֵי.
חַד גַּדְיָא, חַד גַּדְיָא:
וְאָתָא שׁוּנְרָא וְאָכְלָה לְגַדְיָא.
דְּזַבִּין אַבָּא בִּתְרֵי זוּזֵי.
חַד גַּדְיָא, חַד גַּדְיָא:
וְאָתָא כַלְבָּא וְנָשַׁךְ לְשׁוּנְרָא. דְּאָכְלָה
לְגַדְיָא. דְּזַבִּין אַבָּא בִּתְרֵי זוּזֵי.
חַד גַּדְיָא, חַד גַּדְיָא:
וְאָתָא חוּטְרָא וְהִכָּה לְכַלְבָּא.
דְּנָשַׁךְ לְשׁוּנְרָא. דְּאָכְלָה לְגַדְיָא.
דְּזַבִּין אַבָּא בִּתְרֵי זוּזֵי.

שְׁנֵי לֻחוֹת הַבְּרִית. אֶחָד אֱלֹקֵינוּ
שֶׁבַּשָּׁמַיִם וּבָאָרֶץ:

שְׁנֵים עָשָׂר מִי יוֹדֵעַ?

שְׁנֵים עָשָׂר אֲנִי יוֹדֵעַ: שְׁנֵים עָשָׂר
שִׁבְטַיָּא. אַחַד עָשָׂר כּוֹכְבַיָּא.
עֲשָׂרָה דִבְּרַיָּא. תִּשְׁעָה יַרְחֵי
לֵדָה. שְׁמוֹנָה יְמֵי מִילָה. שִׁבְעָה
יְמֵי שַׁבַּתָּא. שִׁשָּׁה סִדְרֵי מִשְׁנָה.
חֲמִשָּׁה חוּמְשֵׁי תוֹרָה. אַרְבַּע
אִמָּהוֹת. שְׁלֹשָׁה אָבוֹת. שְׁנֵי
לֻחוֹת הַבְּרִית. אֶחָד אֱלֹקֵינוּ
שֶׁבַּשָּׁמַיִם וּבָאָרֶץ:

שְׁלֹשָׁה עָשָׂר מִי יוֹדֵעַ?

שְׁלֹשָׁה עָשָׂר אֲנִי יוֹדֵעַ: שְׁלֹשָׁה
עָשָׂר מִדַּיָּא. שְׁנֵים עָשָׂר שִׁבְטַיָּא.
אַחַד עָשָׂר כּוֹכְבַיָּא. עֲשָׂרָה
דִבְּרַיָּא. תִּשְׁעָה יַרְחֵי לֵדָה.
שְׁמוֹנָה יְמֵי מִילָה. שִׁבְעָה יְמֵי
שַׁבַּתָּא. שִׁשָּׁה סִדְרֵי מִשְׁנָה.
חֲמִשָּׁה חוּמְשֵׁי תוֹרָה. אַרְבַּע
אִמָּהוֹת. שְׁלֹשָׁה אָבוֹת. שְׁנֵי
לֻחוֹת הַבְּרִית. אֶחָד אֱלֹקֵינוּ
שֶׁבַּשָּׁמַיִם וּבָאָרֶץ:

חד גדיא

חַד גַּדְיָא, חַד גַּדְיָא:

דְּזַבִּין אַבָּא בִּתְרֵי זוּזֵי.

חַד גַּדְיָא, חַד גַּדְיָא:

וְאָתָא שׁוּנְרָא וְאָכְלָה לְגַדְיָא.
דְּזַבִּין אַבָּא בִּתְרֵי זוּזֵי.

חַד גַּדְיָא, חַד גַּדְיָא:

וְאָתָא כַלְבָּא וְנָשַׁךְ לְשׁוּנְרָא. דְּאָכְלָה
לְגַדְיָא. דְּזַבִּין אַבָּא בִּתְרֵי זוּזֵי.

חַד גַּדְיָא, חַד גַּדְיָא:

וְאָתָא חוּטְרָא וְהִכָּה לְכַלְבָּא.
דְּנָשַׁךְ לְשׁוּנְרָא. דְּאָכְלָה לְגַדְיָא.
דְּזַבִּין אַבָּא בִּתְרֵי זוּזֵי.

חַד גַּדְיָא, חַד גַּדְיָא:

וְאָתָא נוּרָא וְשָׂרַף לְחוּטְרָא. דְּהִכָּה
לְכַלְבָּא. דְּנָשַׁךְ לְשׁוּנְרָא. דְּאָכְלָה
לְגַדְיָא. דְּזַבִּין אַבָּא בִּתְרֵי זוּזֵי.

חַד גַּדְיָא, חַד גַּדְיָא:

וְאָתָא מַיָּא וְכָבָה לְנוּרָא. דְּשָׂרַף
לְחוּטְרָא. דְּהִכָּה לְכַלְבָּא. דְּנָשַׁךְ
לְשׁוּנְרָא. דְּאָכְלָה לְגַדְיָא. דְּזַבִּין
אַבָּא בִּתְרֵי זוּזֵי.

חַד גַּדְיָא, חַד גַּדְיָא:

וְאָתָא תוֹרָא וְשָׁתָה לְמַיָּא. דְּכָבָה
לְנוּרָא. דְּשָׂרַף לְחוּטְרָא. דְּהִכָּה
לְכַלְבָּא. דְּנָשַׁךְ לְשׁוּנְרָא. דְּאָכְלָה
לְגַדְיָא. דְּזַבִּין אַבָּא בִּתְרֵי זוּזֵי.

חַד גַּדְיָא, חַד גַּדְיָא:

וְאָתָא הַשּׁוֹחֵט וְשָׁחַט לְתוֹרָא.
דְּשָׁתָה לְמַיָּא. דְּכָבָה לְנוּרָא.
דְּשָׂרַף לְחוּטְרָא. דְּהִכָּה לְכַלְבָּא.
דְּנָשַׁךְ לְשׁוּנְרָא. דְּאָכְלָה לְגַדְיָא.
דְּזַבִּין אַבָּא בִּתְרֵי זוּזֵי.

חַד גַּדְיָא, חַד גַּדְיָא:

וְאָתָא מַלְאַךְ הַמָּוֶת וְשָׁחַט
לְשׁוֹחֵט. דְּשָׁחַט לְתוֹרָא. דְּשָׁתָה
לְמַיָּא. דְּכָבָה לְנוּרָא. דְּשָׂרַף
לְחוּטְרָא. דְּהִכָּה לְכַלְבָּא. דְּנָשַׁךְ
לְשׁוּנְרָא. דְּאָכְלָה לְגַדְיָא. דְּזַבִּין
אַבָּא בִּתְרֵי זוּזֵי.

חַד גַּדְיָא, חַד גַּדְיָא:

וְאָתָא הַקָּדוֹשׁ בָּרוּךְ הוּא וְשָׁחַט
לְמַלְאַךְ הַמָּוֶת. דְּשָׁחַט לְשׁוֹחֵט.
דְּשָׁחַט לְתוֹרָא. דְּשָׁתָה לְמַיָּא.
דְּכָבָה לְנוּרָא. דְּשָׂרַף לְחוּטְרָא.
דְּהִכָּה לְכַלְבָּא. דְּנָשַׁךְ לְשׁוּנְרָא.
דְּאָכְלָה לְגַדְיָא. דְּזַבִּין אַבָּא בִּתְרֵי
זוּזֵי

חַד גַּדְיָא, חַד גַּדְיָא:

Picture and Artwork courtest of:
Baruch Nachshon, Kityat Arba near Hebron
Graphic Design: Isaac Nachshon
http://www.nachshonart.com

הציורים והעיטורים מאת האמן:
ברוך נחשון, קרית ארבע חברון
עיצוב: איציק נחשון
Nachshon

www.ingramcontent.com/pod-product-compliance
Lightning Source LLC
Chambersburg PA
CBHW031225090426
42740CB00007B/709